RE
CONSTRUIDA

SIEMPRE PUEDES VOLVER A COMENZAR

RE CONSTRUIDA

JOSÉ LUIS Y MIRIAM
NAVAJO

RECONSTRUIDA
Siempre puedes volver a comenzar

José Luis y Miriam Navajo

Edición: Henry Tejada Portales

ISBN: 979-8-88769-419-1
eBook ISBN: 979-8-88769-420-7
Impreso en Estados Unidos de América
© 2025 por José Luis Navajo

Whitaker House
1030 Hunt Valley Circle
New Kensington, PA 15068
www.espanolwh.com

Por favor, envíe sugerencias sobre este libro a: comentarios@whitakerhouse.com.

Ninguna parte de esta publicación podrá ser reproducida o transmitida de ninguna forma o por algún medio electrónico o mecánico; incluyendo fotocopia, grabación o por cualquier sistema de almacenamiento y recuperación sin el permiso previo por escrito de la editorial. En caso de tener alguna pregunta, por favor escríbanos a permissionseditor@whitakerhouse.com.

1 2 3 4 5 6 7 8 9 10 11 ⊔⊔ 32 31 30 29 28 27 26 25

DEDICATORIA

A mis padres,
por demostrarme que pase lo que pase,
las puertas de vuestra casa siempre estarán abiertas para mí.
Gracias por ayudarme a sanar mis heridas con vuestro cariño,
amor y comprensión.

A Óliver;
Dios me hizo el inmenso regalo de ser tu madre,
y llenas mi vida de luz cada día.
Sin tú saberlo fuiste mi salvavidas.

AGRADECIMIENTOS

Mi gratitud inmensa a Dios. No podéis imaginar la cantidad de veces que miré al cielo y grité "¿Por qué? ¿Por qué a mí?". Dudé, reproché e incluso me enfadé con Él. Transcurrieron los años y Él respondió con amor a cada uno de mis "por qué", con diferentes oportunidades, bendiciones y metas que yo jamás me habría imaginado. Gracias, Dios, por ser tan bueno.

Gracias a mis padres. Me abristeis las puertas de vuestro hogar, y sobre todo las del corazón. Me cuidasteis con todo el amor y la paciencia del mundo, me recordasteis que muchas veces no tenemos respuestas a las cosas que nos ocurren, pero que jamás debía dudar de que Dios seguía cuidando de nosotros. Óliver tuvo la inmensa suerte de crecer sus primeros años con sus abus, y rodeado de amor. Lo habéis hecho tan bien, que solo espero poder llegar a ser algún día como vosotros, os admiro y os quiero con todo mi corazón.

Querit, gracias por entenderme tan bien y respetar mi distancia y mis decisiones, más o menos acertadas… Gracias por jamás reprocharme nada, por esperar a que yo acudiera a ti, y entonces ofrecerme todo el apoyo y la ayuda del mundo. Eres la mejor hermana que hay en el universo. Fuiste un apoyo fundamental para mí, y tienes un marido maravilloso que se portó genial conmigo y al que también debo mucho. Os quiero con locura.

Omar, gracias por tu infinita paciencia, por respetar siempre mis tiempos, por entender mis miedos, por apoyarme al 100 % en cada paso que doy, por descubrirme lo que es el amor, el amor real y puro. Gracias por querernos por dos, a Óliver y a mí. Te amamos.

Gracias a Whitaker House Publishers, y a su director editorial, Xavier Cornejo. Te agradezco por tu fe en este proyecto y por tu estímulo para convertir ruinas en refugio y lágrimas en tinta.

Y a ti que tienes este libro en tus manos, gracias por dedicarme tu bien más preciado: tu tiempo, el material del que está hecha tu vida. Deseo que esta lectura te sirva para entender que el dolor nunca es en vano, que Dios lo usa para bien y para lograr objetivos que jamás podríamos imaginar.

ÍNDICE

Unas palabras antes de empezar 11

    1. La llamada 17

    2. Mi hermana 25

    3. Mentiras 33

    4. Paula 39

    5. Y llegó Óliver 47

    6. Señales de alarma 53

    7. Irene 61

8. Ayuda 69

9. Primeras veces 79

10. Segundas oportunidades 89

11. La comida 99

12. Amigos 105

13. Recuperación 115

14. Hoy es el día 125

15. Conociéndole 133

16. Amanece el día 141

17. La boda 149

Breve guía para cuidar y cuidarte 155

Antes de terminar… 167

UNAS PALABRAS ANTES DE EMPEZAR

El paso del tiempo me afirma en la idea de que el teléfono es un utensilio que padece un feroz trastorno bipolar. Es capaz de transmitirte mensajes de signo contrario con minutos de diferencia. Ahora te envía un comunicado que te levanta a un purísimo cielo de libertad, y poco después dispara una nota tan negra que te despeña al abismo... Afortunadamente también puede ocurrir al contrario: mediante un mensaje te alza del precipicio, ubicándote en un feliz pedestal.

Deja que te lo explique:

Aquella noche el teléfono me provocó tal sobresalto que quedé sentado sobre la cama..

—¡Por favor, venid a buscarme! —suplicaba mi hija.

—¿Qué te ocurre? —inquirí—. ¿Estás bien?

—¡Venid a buscarme, por favor! —no contestaba, solo insistía.

Retiré el visillo y me asomé a la ventana. La luna, bien alta, estaba envuelta en un halo brumoso, como una aureola de escarcha. Estimamos prudente que yo fuera a buscarla y mi mujer quedó en casa, por si desde allí fuera necesario iniciar cualquier gestión. Me vestí rápidamente, y con un miedo que por momentos rozaba el pánico, subí a mi automóvil y conduje hacia su domicilio. Temblaba. No saber lo que iba a encontrarme me infundía auténtico terror.

Al acercarme a la última rotonda donde giraría a la derecha, la vi. Estaba justo en el punto que me había indicado. Al principio solo pude intuir que era ella, pues predominaba aún la noche y ella estaba agachada, en cuclillas, muy pegada a la pared, como intentando reducirse a la mínima expresión para pasar desapercibida; tenía los brazos cruzados, pegados a su pecho y el rostro orientado hacia el suelo. El cabello oscuro, casi negro, cayendo por delante, ocultaba sus facciones. Una imagen que inspiraba compasión y pavor a partes iguales.

Al aproximarme observé que temblaba, como tiemblan las hojas de un árbol bajo el embate del viento; frágil y quebradiza como ellas en otoño. Y lloraba... Sobre todo eso: lloraba a mares. Fue al agacharme a su lado cuando vi que bajo sus brazos, o entre ellos, sostenía a su bebé... su pequeñín de dos meses. Aun sin incorporarme la abracé, *y entonces sí, su llanto se convirtió en un gemido convulso. Dejó fluir su dolor, como quien abre una compuerta. Más que temblar, ahora convulsionaba. Mil imágenes pasaron por mi mente: parecía que solo habían pasado horas desde que esa niña se sentaba sobre mis rodillas y me pedía que le contase cuentos, o se negaba a salir a pasear si no la llevaba en mis brazos. Ya no era una niña..., ni estaba escuchando un cuento, sino viviendo una horrible pesadilla.*

Mi brazo izquierdo la arropó, y con la mano derecha sostuve al bebé para evitar que cayera al suelo; también el pequeño se sumó al desgarrador lamento.

Nunca, ni en la peor de mis pesadillas, pude haber soñado que un día vería tan destruida a mi hija, mi pequeña, con mi nietito, un angelito de solo dos meses. Ese fue el día en que mi hija murió... pero nos negamos a oficiar su entierro.

Así ocurrió, y así lo relaté, mezclando tinta y lágrimas, en el libro titulado *Heridas de amor*. Pero también en ese libro relato la gloriosa transformación que Dios obró en mi hija, levantando un palacio desde las ruinas que otros dejaron.

Pocas semanas atrás, el mismo teléfono se iluminó, esta vez con un mensaje. ¡Era la misma remitente de la llamada de antaño! Y también me alcanzaba de madrugada. Estaba terminando de prepararme mi primer café del día, listo para acudir a mi cuarto de oración, escritura y reflexión.

Intrigado dejé la taza sobre la mesa de la cocina y leí: "Papá, cuando puedas llámame, quiero contarte algo...".

No pude evitarlo: sentí un estremecimiento, pues la breve nota me trajo aromas del pasado. Nunca he disfrutado con el juego de las adivinanzas, y mi mente tiende a crear guiones de terror mezclando sutilmente la duda con los más aciagos recuerdos. Así que la llamé de inmediato.

No fue un sollozo lo que escuché, y con eso ya respiré aliviado.

—¡Hola, papá! —saludó con alegría. Su timbre y entonación bombearon oxígeno puro a mi alma—. ¿Qué tal has descansado?

—Bien, cariño, he dormido bien —decidí saltarme todo preámbulo, no me gusta la intriga cuando de mis hijas se trata—. ¿Qué es eso que quieres contarme?

—¡Tranquilo, papá, no es nada malo! —había detectado mi desasosiego. A veces ella parece la madre y yo el hijo—. Quería decirte que esta noche tuve un sueño...

—Ajá... —yo sueño a diario y no por eso mando mensajes de madrugada.

—En ese sueño me vi escribiendo mi historia...

—¿Tu historia? —eso ya me intrigó, tanto que me incorporé de la silla y caminé por la cocina.

—Sí, papá, escribía la historia que viví... ya sabes, la de mi quiebra y mi reconstrucción.

—¿Quieres decir que soñaste que escribías el relato de lo que viviste hace nueve años?

—Así es —y añadió—. En el sueño vi el título del libro, la portada y el nombre de casi todos los capítulos...

—¡Es impresionante! —admití—. ¿Y qué piensas hacer?

—Escribirlo... voy a escribirlo.

Jamás imaginé que ella quisiera redactar lo que vivió en aquella parte aciaga y sombría de su vida. Días en los que derramó lágrimas suficientes para llenar varios embalses. Nunca sospeché que un día mi hija tomaría sus cicatrices para convertirlas en renglones, ni transformaría suspiros en líneas que acaricien.

—Dime, cariño, ¿por qué quieres hacerlo? —quise saber—. ¿Qué te lleva a escribirlo?

—Quiero escribirlo porque ya no duele el recordarlo. Ahora puedo hablar y redactar desde la sanidad, y no desde la herida.

—¡Me alegra tanto escuchar eso! —interrumpí.

—Y quiero escribirlo —prosiguió— porque sé que hay personas para quienes mis cicatrices pueden ser curativas. Quiero que quienes están en una prisión emocional sepan que de ahí se puede salir; y quienes se sientan horribles puedan verse bellas; y a cuantos hayan convencido de que no valen, puedan entender que son valiosísimos. Quiero que quienes vieron romperse su vida crean que de las ruinas que quedaron, Dios puede construir un palacio.

Sonreí... simplemente sonreí.

—¿Estás ahí, papá? —mi silencio la intrigó—. ¿No te parece bien que lo escriba?

Tardé aún varios segundos en responder, los necesarios para beber las lágrimas que llegaban a la comisura de mis labios. ¿Quién dijo que todas las lágrimas son saladas? Algunas pueden ser indeciblemente dulces.

—Me parece bien que lo escribas, cariño —le dije—. Sé que cada palabra será una puntada de hilo de oro que suturará corazones desgarrados.

Ahora fue ella la que sonrió... y lo escribió.

Ahora, feliz y sanamente orgulloso, te dejo con ella: con mi hija. Gracias por acompañarla en este viaje, que te trasladará a aquel momento, varios años atrás.

1

LA LLAMADA

Aquella mañana abrí los ojos, ¡Dios mío, cómo me dolían!, no sé si alguna vez te quedaste dormida o dormido mientras llorabas, el despertar es una sensación horrible, un dolor intenso en los ojos, los notas secos, y abrirlos cuesta una barbaridad.

Esa fue la sensación que tuve al despertar. Miré el reloj, marcaba las cinco y cuarenta y cinco minutos de la mañana.

A mí lado descansaba, ¡por fin!, mi pequeño Óliver. La última vez que miré el reloj mientras intentaba hacerlo dormir eran las tres de la mañana.

Él consiguió quedarse dormido, yo, sin embargo, no; aquella sensación horrible en el pecho no me dejaba conciliar el sueño, era como un peso que casi logra asfixiarme. Mientras que de mis ojos no paraban de surgir lágrimas, la verdad, no recuerdo en qué momento logré quedarme dormida.

Me levanté con movimientos muy lentos, como en cámara lenta y respirando solo lo esencial. No quería despertar a mi chiquitín. Me puse la bata intentando inútilmente apaciguar el frío que sentía; me di cuenta enseguida de que no era el cuerpo lo que tiritaba, era algo más profundo. Recorrí el pasillo y llegué al salón, más bien a la puerta del salón; me dio terror pisar aquel lugar. Todo estaba tirado por el suelo, tal y como había quedado la noche anterior después del trágico episodio. Un escalofrío recorrió mi cuerpo al recordarlo; había alentado la posibilidad de que todo fuera una pesadilla, pero ver aquello me trajo de vuelta a la realidad.

De repente la casa me empezó a pesar; aquellas paredes parecían estrecharse cada vez más, y a mí me costaba respirar... ¡me estaba ahogando! ¡Necesitaba salir de allí cuanto antes!

Recordé que no tenía coche, él se lo había llevado. Retiré la cortina y vi que afuera llovía. ¿Adónde iba a ir? Pensé en llamar a mi hermana; ella era la única que conocía algún detalle de mi situación. De hecho la tarde anterior, y en un momento de desesperación, había recurrido a ella. Le conté todo y ella me ofreció quedarme en su casa a dormir; me negué y ella no insistió, siempre me respetó, incluso en mis múltiples errores; y la tarde anterior, aunque supo que lo mejor para mí era dormir en su casa, entendió que no podía forzarme a nada.

Pensé en llamarla ahora, pero era demasiado temprano, la asustaría.

De repente recordé... si alguien madrugaba, era él, papá. Me avergonzaba la idea de llamarlo, ya que ni a él ni a mamá les había contado nada de lo que me ocurría —aunque estaba segura de que ellos lo notaban—. No quedaba otra alternativa, no podía aguantar una hora más allí. Me dolía el pecho y estaba empezando a marearme. Me sentía completamente indefensa y con un bebé de dos meses que me necesitaba.

Es curioso, puedes aguantar años cuando tú mismo estás mal, pero en el momento en que un pequeño depende de ti, haces por él lo que nunca fuiste capaz de hacer por ti.

Tomé mi teléfono y escribí:

—Papá, cuando te despiertes, ¿puedes venir por mí? —eran las cinco y cincuenta y dos minutos.

Apenas fue necesario esperar. Mi teléfono se iluminó con la respuesta:

—Estoy saliendo —eran las cinco y cincuenta y seis minutos.

Corriendo hice un par de maletas y salí a la calle a esperarle. Me refugié como pude, agachada, cerca de una pared y abrazada a mi pequeño. Enseguida vi llegar el automóvil de mi padre.

Fue un abrazo largo, silencioso, pero curativo. Luego subimos al coche y nos pusimos en marcha. No hizo falta hablar; él respetó mi silencio.

Me sentía rota, destruida. Si nunca viviste algo parecido, es inútil que intente explicarlo. No logro expresar con palabras ese dolor que llegaba más allá del pecho; me dolía el corazón, el alma.

¿Cómo te curas de un dolor tan profundo?

Tras diez minutos de trayecto y ya casi llegando, logré pronunciar mis primeras palabras:

—Serán solo unos días, papá.

—Lo que necesites, hija, lo que necesites.

Llegué a casa de mis padres y ellos se ofrecieron a quedarse cuidando del pequeño para que yo aprovechara y descansara, e incluso durmiera un rato. Fui al baño y, apoyada en el lavabo, me miré en el espejo, no podía reconocer la imagen que el cristal reflejaba. Tenía los ojos hinchados de tanto llorar, unas ojeras marcadas, muy pronunciadas, y estaba sumamente delgada. Dicen que la mirada es el reflejo del alma; en mi mirada solo veía dolor y tristeza en dosis gigantescas.

¿Cómo había llegado hasta ese punto? ¿Por qué no había tomado mejores decisiones en mi vida?

Me invadía una culpa enorme, y así, con ese pensamiento, me tumbé en la cama y enseguida quedé profundamente dormida.

Los siguientes días los recuerdo como con una niebla a mi alrededor, no tengo recuerdos nítidos ni claros. Creo que nuestro cerebro es muy inteligente y va borrando esos recuerdos que provocan dolor. Eso es memoria selectiva: un mecanismo de autodefensa que nos permite seguir viviendo.

Y ahora... sí, ahora, diez años después de que todo ocurriera, me dispongo a contarte cómo en medio del dolor y del vacío más profundo que he vivido —y confío en que jamás volveré a experimentar— aprendí, aprendí muchas cosas, crecí como persona y experimenté múltiples emociones de color y sabor muy diverso.

Hubo personas maravillosas a mí alrededor que me ayudaron y respetaron; conocí gente nueva que Dios puso en mi camino y que me brindó apoyo en el duro trabajo de reconstruirme. También hubo quien se quedó en el camino, simplemente los perdí. Y no faltaron quienes quisieron ayudarme con su mejor intención, pero erraron y sin quererlo me dañaron.

¿Qué pretendo con todo esto? ¿Qué propósito me alienta a vaciar mi alma sobre el papel?

Supongo que de un lado persigo que el mínimo poso de dolor que aún se pega al paladar de mi alma, salga por completo. Dicen que la escritura es terapéutica, que es una forma de exorcismo; que al verter la historia por el conducto de los dedos, los demonios salen. Pero mi principal objetivo es que si estuvieras viviendo algo parecido, mi experiencia te sirva de referencia. Que mis palabras puedan encender luces en tu camino. Que puedas quedarte con lo bueno, aprender, saber que de eso, sea cual fuere tu episodio de destrucción, se sale. Que puedes reconstruirte.

Quiero decirte desde el respeto, pero también desde la experiencia, que si tuvieras a alguien cerca que te está rompiendo; que si enfrentas una circunstancia que te empuja a un pozo profundo, sepas cómo ayudarte. Asimismo, si no fueras tú la persona directamente implicada, pero alguien a quien amas lo está sufriendo, quiero que sepas qué cosas hacer y qué otras debes evitar hacer.

Hoy me abro en canal y te invito a conocerme. Dicen que todos tenemos un día en que la vida se nos rompió. Yo me quebré por completo. La debacle fue, en mi caso, una ruptura sentimental. Abordé el matrimonio ilusionada y lo convertí en mi proyecto de vida. Muy poco tiempo después la ilusión se tornó en una horrenda decepción y mi proyecto de vida se descompuso y desapareció como en volutas de humo.

Hace tiempo escuché una frase que me parece acertada: "A veces consideramos que una ruptura es un fracaso, pero no necesariamente lo es. Muy a menudo un final de camino supone el inicio de otro mucho mejor".

> **DICEN QUE TODOS TENEMOS UN DÍA EN QUE LA VIDA SE NOS ROMPIÓ.**
> **YO ME QUEBRÉ POR COMPLETO.**

Como frase es muy bonita, y la verdad que contiene es enorme; pero no resulta sencillo, y mucho menos rápido, ver un futuro mejor mientras aún están calientes las ruinas de un presente destruido.

Por supuesto que creo en el matrimonio mucho más que en el divorcio. Por supuesto que nunca en mis planes estuvo la ruptura. Por eso viví un espantoso tiempo de quiebra emocional que llegó a derivar en severos desajustes físicos y emocionales.

Hablaremos de todo. Ya que amontoné estos folios y decidí verter sobre ellos mi alma, nada me detendrá.

Ponte cómodo y busca un lugar tranquilo para participar de estas líneas, pues voy a pedirte que te pongas en mi piel y entres en mis zapatos. Viajaremos al punto donde me rompí por completo y me sentí morir en vida, pero no quedaremos en el desastre, visitaremos también el lugar donde poco a poco Dios me sanó.

Ni la debacle llegó en un instante, ni la sanidad se fraguó en dos minutos. Fueron procesos en los que Dios me ayudó a aprender y a crecer; lo hizo a través de diferentes personas y de momentos diversos. Experimenté el dolor más grande y conseguí salir de él, surgí del abismo como una persona nueva.

No, jamás volveré a ser la de antes, pero tampoco quiero serlo. Soy una persona nueva, con muchas heridas que ahora son cicatrices. Estoy marcada por el dolor, pero también por lo mucho que he aprendido. Como suele decir papá: "Una herida sanada se convierte en una cicatriz que grita tres cosas: ¡Dolió!¡Sanó! ¡Soy vehículo de sanidad para otros!

De eso se trata, de convertir la hiel que ingerí, en miel que pueda endulzar tu alma.

Entre lo que he aprendido está el valorar mucho más cada muestra de cariño, apoyo y cuidado que día a día recibo. Y quiero, a través de mi experiencia, ayudar a los demás.

UNA HERIDA SANADA SE CONVIERTE EN UNA CICATRIZ QUE GRITA TRES COSAS: ¡DOLIÓ! ¡SANÓ! ¡SOY VEHÍCULO DE SANIDAD PARA OTROS!

¿Me acompañas?

Comenzamos este viaje, y para ello es preciso volver atrás en el tiempo.

2

MI HERMANA

Antes de iniciar la travesía, permite que te adelante que en este difícil proceso hubo varias personas que, inquebrantables, se mantuvieron a mi lado. Una de ellas es mi hermana; seis años mayor que yo y siempre cuidando de mí. Comprobarás que no la traté como merecía. Pese a ello no me soltó de la mano, y su amor y cercanía fueron cruciales en mi vida.

Algún capítulo, comenzando por este, te permitirá ponerte en su piel, ya que será ella misma quien los relate.

Para facilitar la comprensión de la historia modificaremos la tipografía cuando la narradora sea mi hermana.

Lee lo siguiente con atención, te lo ruego, pues es ella quien ahora desabrocha su alma:

Desde que Miriam nació sentí una imperiosa necesidad de cuidarla y protegerla. Soy la mayor, mi hermana y yo nos llevamos seis años y siempre he sentido devoción por ella, mi niña, la pequeña, esa hermana que desde siempre deseé tener.

Nunca nos hemos peleado, como mucho surgía alguna discusión porque cogía sin permiso ropa de mi armario.

Siempre estuvimos muy unidas; uña y carne, mar y cielo. Pero desde hace un año la relación cambió, poco a poco se fue distanciando y yo no lo vi venir. No sé si hice algo mal, si cometí algún error o cuál pudo ser la razón de ese cambio en nuestra relación. Cada vez menos llamadas, menos mensajes, los *whatsapp* escaseaban...

Lo cierto es que yo sabía que ella estaba mal; era algo que se notaba en su mirada, en sus gestos y en su manera de hablar.

Miriam siempre fue una chica alegre, feliz y segura de sí misma. Ella siempre tuvo claro —mucho más que yo— cuándo decir sí y cuándo decir que no. Si se comprometía a algo, lo cumplía. Si veía que no iba a llegar a ello, no tenía ningún problema en soltarte un "no, gracias".

Menos con él... no sé la maldita razón por la que al estar cerca de él, ella se hacía chiquitita, pasaba a un segundo plano. ¡Qué digo a un segundo plano! Se iba a un tercero, cuarto, quinto... hasta casi desaparecer.

Me dolió mucho cuando empecé a notar cambios en su actitud. ¿Cómo lo explico? Mejor con algún ejemplo: Miriam siempre fue la más golosa.

—Comparto contigo la hamburguesa, pero mi helado de chocolate ni se te ocurra olerlo —decía riendo.

Y un buen día, cuando quedamos para tomar un café, ella se pide un té verde con un pedazo de pan integral.

—Pero, Miriam, ¡que hay tortitas!

—Ya —hizo un mohín—, es que he empezado en el gimnasio y quiero perder un par de kilos.

—¿Perder un par de kilos? —yo no daba crédito a lo que oía—. ¡Pero si no te sobra nada!, ¡estás perfecta!

—No sé —arrugó la nariz bajo sus ojos que comenzaban a mostrar un gran vacío—. Es que últimamente me estoy dejando un poco.

La que siempre se mostró extrovertida, segura de sí misma, rebosante de autoestima... íbamos ahora a la piscina y se quitaba la ropa justo antes de entrar al agua, y nada más salir se cubría completamente con una toalla.

No parecía mi hermana, la que reía a todas horas y nos contagiaba la risa a los demás. Por más que lo intentaba yo no lograba encontrar sentido a esas actitudes.

Pero fueron sus ojos los que encendieron mil alarmas en mí. Su mirada melada siempre fue puro néctar, y en sus pupilas había un brillo de ilusión que alumbraba a cuantos miraba... Ahora sus ojos estaban apagados, la ilusión extinguida, y sus pupilas adquirieron un tono tan frío que congelaba el alma.

> ## AHORA SUS OJOS ESTABAN APAGADOS, LA ILUSIÓN EXTINGUIDA, Y SUS PUPILAS ADQUIRIERON UN TONO TAN FRÍO QUE CONGELABA EL ALMA.

No solo se distanció de mí, también dejó de quedar con sus amigas. Siempre disfrutó de una tarde de chicas y valoró la amistad por encima de todo. Ahora ponía excusas a cada invitación que sus amigas le hacían: "Estoy demasiado ocupada. Quedamos otro día", era su respuesta siempre.

Aislamiento, esa es la palabra que mejor define lo que viene haciendo. Se alejó de sus amigas y también de nosotros, su familia. Eso era más de lo que yo podía tolerar.

Me daban ganas de poner mis manos sobre sus hombros y sacudirla:

—¡Despierta! —deseaba gritarle—. ¿No te das cuenta de que te está aislando y alejando de todos los que de verdad te amamos?

Pero sabía bien que si me enfrentaba a ella, solo lograría alejarla más de mí. Así que opté por quedarme ahí, cerca de ella, para acudir al instante por si me llamaba.

Utilicé el teléfono como trinchera para disparar constantes mensajes, haciéndole saber que me acordaba de ella y que estaba ahí si me necesitaba. Éramos vecinas, vivíamos muy cerca la una de la otra, pero la distancia donde la sumió el aislamiento me pareció gigantesca.

Disculpa que me adelante un poco en el desarrollo de esta historia, pero quiero llevarte a una tarde en la que sentí que el corazón se me rompía:

Era una tibia tarde de marzo (Miriam había dado a luz a mi precioso sobrino pocas semanas antes), yo pasaba por la calle donde ella vivía, de camino al parque con mis hijos. Observé que su coche no estaba y, sin embargo, había luz dentro de casa. Supe que, una vez más, como era habitual en el último tiempo, mi hermana estaba sola.

Me detuve frente a su ventana —ella no lo sabía— y la llamé por teléfono.

—¡Hola! ¿Cómo estás?

—Bien, aquí... que vamos a cenar —cortante, igual que estas últimas veces; intentando cortar la comunicación lo antes posible, y justificando siempre su aspereza.

En semanas pasadas fui a verla en varias ocasiones junto con mis padres. Siempre estaba sola y siempre excusaba a su pareja.

—Ha tenido que irse al trabajo —decía unas veces—. Está en el gimnasio —decía otras muchas.

A mí se me encogía el alma y me removía por dentro. ¿Cómo puede ser que siempre, pero siempre que vamos, está sola?

UTILICÉ EL TELÉFONO COMO TRINCHERA PARA DISPARAR CONSTANTES MENSAJES, HACIÉNDOLE SABER QUE ME ACORDABA DE ELLA Y QUE ESTABA AHÍ SI ME NECESITABA.

Aprovechaba nuestra visita para que entretuviéramos al precioso chiquitín, mientras ella se duchaba, recogía la casa o hacía la compra. Al final apenas podía hablar con ella. Era como que nos rehuía; evitaba hablar y mirarnos a los ojos.

Me rompía el alma saber que mi hermana me estaba mintiendo. De un lado era lacerante sentir que no confiaba en mí, que me estaba ocultando algo... algo de enorme importancia. Pero lo más doloroso era saber que mi hermana cargaba con algo terrible, espantoso. Y lo cargaba ella sola. Eso me hacía sentir fatal.

Yo no quería presionarla; anhelaba que cuando se sintiera preparada me llamara y me lo contara, por eso era tan importante no enfrentarme a ella, respetar sus tiempos y seguir ahí, cerca. Pero suplicaba que esa llamada se produjera cuanto antes.

El tiempo pasaba, inexorable, y mientras caían hojas del calendario, ella se iba consumiendo, y esa llamada nunca llegaba.

Retrocede de nuevo en el tiempo con nosotros, por favor, para que ella siga haciéndote partícipe de los hechos en su correcto orden cronológico.

3

MENTIRAS

Las semanas transcurrían y cada vez era más espantosa la soledad que sentía. Tenía una necesidad enorme de llamar a mi hermana y hablar con ella de lo que me ocurría, pero algo me frenaba.

¿Qué me impedía buscar ayuda en mi hermana? Intentaré explicártelo: lo que viví fue muy duro; jamás había sufrido un episodio tan difícil en mi vida, pero yo me había propuesto perdonar. Y el perdonar incluía no contar a nadie nada de lo ocurrido. Yo misma entré en un bucle de mentiras y justificaciones que día a día se hacía más grande. A lo largo de meses oculté muchas cosas y otras las cubrí con embustes, y ahora no veía cómo salir de aquella ciénaga pavorosa en la que yo sola me había metido. A todo ello se sumaba el hecho de que en ese momento me encontraba embarazada. Quería salir adelante, cerrar aquel espantoso capítulo y continuar con esa nueva etapa de mi vida que estaba a punto de comenzar: la maternidad.

Hacía tanto tiempo que no era sincera. No me refiero a que estuviese mintiendo, sino que constantemente ocultaba cosas que vivía y sufría. No contaba la verdad, ni le decía a nadie la realidad de cómo me sentía.

Luego, transcurridos largos meses, sentía que ya era tarde. Contarlo todo supondría verme sometida a un montón de preguntas que no quería, ni tampoco tenía fuerzas para enfrentar.

¿Por qué no me lo contaste antes? ¿Tanto tiempo ocultando todo esto?

Pero, entonces, ¿esto que me dijiste el mes pasado era mentira?

Y la peor de todas… *¿Ya está todo bien?*

No, nada estaba bien, todo seguía igual de mal que antes, excepto yo misma, que no estaba igual porque me sentía más rota y dolida.

El peso de la carga que llevaba yo sola era inmenso. Cada vez me resultaba más difícil gestionarlo todo; me sentía completamente sobrepasada y había perdido la ilusión por todo, no disfrutaba en ningún momento del día, no lograba desconectar viendo la televisión. Si salía a dar un paseo, mi mente era un turbión de pensamientos angustiosos y desalentadores. La soledad me estaba matando.

Lo único que ocupaba mi día era hacer dieta e ir al gimnasio, y lo más triste es que no lo hacía por convicción personal o para disfrutar y sentirme bien, lo hacía en un desesperado intento de gustar a otros. Mi autoestima estaba por los suelos; mientras mi vientre de embarazada se abultaba, mi autoestima se extinguía.

Llevaba meses tragándome todo yo sola, cada día que pasaba me costaba más actuar con normalidad delante de los míos e incluso sostener la naturalidad en una llamada telefónica, y eso estaba provocando que los evitara y me fuera aislando cada vez más. Fui alejándome de la familia, de los amigos, cerrando mi círculo y dejando a todos fuera.

La bola cada vez se hacía más grande, y cada vez me sentía más y más sola.

"Esto tiene arreglo", me repetía una y otra vez. "Y si solo lo sé yo, podré perdonarlo, y volverá a ser todo como antes; si implico a los demás será diferente". Ese era mi motivo principal por el que no quería contar lo que ocurría, todo lo que quería era recuperar mi vida anterior.

Si se me hubiera concedido pedir un deseo, habría elegido retornar un par de años atrás y borrar ese periodo de mi vida. Que desaparecieran los dos últimos años; pero estaba ciega, y no era consciente de que era imposible que todo volviera a ser como antes. El hecho de que yo lo ocultase, tapase y justificase, no significaba que no hubiera ocurrido. Tenía que asumirlo y comenzar a poner orden en mi vida, porque por arte de magia era imposible que todo cambiara.

Sin embargo, continuaba empeñada en cargar sola una mochila que cada vez pesaba más.

Aquel día estaba sola, como siempre, rumiando mi desdicha; cuando de pronto sonó mi teléfono móvil. Era mi hermana.

—¡Hola! ¿Qué tal estás?

—Hola... ¡bien! —mentí—. Estoy bien.

—¿Por qué no sales y damos un paseo para charlar un rato tranquilas?

—No, es que él está preparando la cena —nueva mentira, yo estaba sola en casa, como casi siempre. De hecho acababa de caer en la cuenta de que debía cenar algo, y ni siquiera era consciente de si ese día había comido.

Por teléfono intenté despacharla lo más rápidamente posible; le pregunté por los niños y por mi cuñado y sabiendo que todos estaban bien, provoqué el fin de la conversación. Cuanto más alargase la conversación más mentiras y justificaciones tendría que dar. Y ese día no me sentía con ánimo ni ganas de actuar una vez más.

Mi hermana me conocía muy bien y si a alguien me costaba ocultarle algo, era a ella.

—¿Estás bien Miriam? —insistió mi hermana.

—Si, solo que estoy un poco cansada y mareada, esto del embarazo no lo estoy llevando muy bien —respondí.

—Oye, mañana tienes ecografía, ¿verdad?

—Sí, por la tarde. ¿Querrías acompañarme? —me salió desde adentro, pero al instante me arrepentí. Me daba pánico estar a solas con ella, mi hermana de un vistazo era capaz de radiografiar mi alma y detectar cualquier cosa que me ocurriera.

—Sí, claro que sí —asintió rápidamente—. ¿Es que pensabas ir sola?

Ya comenzaba sutilmente a indagar, algo no le cuadraba y yo estaba comenzando a ponerme nerviosa.

Acordamos la hora para vernos al día siguiente. De su mano iría mucho más segura a la ecografía. No podía evitar que mi tensión nerviosa se disparase al practicarme esas pruebas. Me daba pánico que el diagnóstico por imagen pudieran revelar que algo estaba mal en el bebé. Eso me aterraba, y saber que tendría el apoyo de mi hermana en ese momento, me alentaba.

Cuando concluí la conversación con ella me sentía algo reconfortada; no recordaba la última vez que me había sentido así.

Simplemente me estaba alejando de los que me querían y eso estaba provocando que dejara de sentirme cuidada, querida y valorada. Solo tenía un sentimiento latente en mí: soledad.

4

PAULA

En mi vida, la amistad siempre ha tenido un valor muy importante. Mi adolescencia estuvo marcada por la presencia de dos personas muy, pero que muy importantes para mí: Paula e Irene, mis dos amigas del alma. Por circunstancias no siempre estuvieron presentes, pero Dios las trajo de vuelta justo en este momento tan doloroso para mí.

Sé que Dios tiene el control de todo y supo que en ese episodio las necesitaba, y me hizo el inmenso regalo de traerlas de nuevo a mi vida.

Deseo que conozcas a Paula, y para ello te propongo un breve viaje al pasado. Te aseguro que valdrá la pena, además resulta imprescindible para que puedas entender el valor que tuvo para mí recuperar esta amistad en este episodio de mi vida. A Irene te la presentaré más adelante, poco a poco, pues aún queda mucha historia por relatar.

Como te comentaba, ella se llama Paula, y para hacer la presentación debo remontarme treinta y dos años atrás, justo los que tengo. Exacto, la conozco desde que nací. Bueno, tú me entiendes, no la recuerdo desde que nací, pero en esa época ya nos conocimos.

Crecimos juntas, nuestra amistad surgió en la iglesia a la cual nuestros padres acudían y eso hizo que estuviéramos unidas desde bien pequeñas y compartiéramos muchos momentos especiales. El tiempo fue pasando y nuestro apego creciendo. Nuestra amistad creció al mismo ritmo que nuestra edad.

Todas las experiencias vividas: salidas, campamentos de verano juntas, fines de semana una en casa de la otra, risas, y alguna que otra lagrimita. Todo eso hizo que nos volviéramos uña y carne, hasta el punto de que nos íbamos de vacaciones una con la familia de la otra. Mi madre era su segunda madre, y la suya mi segunda madre.

De la amistad cruzamos a la barrera de la hermandad. Desde el viernes hasta el domingo estábamos juntas, pero el resto de la semana podíamos llamarnos un mínimo de tres tardes y estar con el teléfono pegado a la oreja durante más de una hora.

Recuerdo a mi padre decir: "Miriam, ¡necesito llamar, cuelga el teléfono ya!". En aquel tiempo se hablaba por teléfono con un artilugio que estaba enchufado en la pared, y los móviles solo los tenían los reyes, gente como Bill Gates y el presidente de la Coca-Cola.

Muchas veces no teníamos nada especial ni importante que decirnos, pero necesitábamos sentirnos cerca y saber la una de la otra.

No había nada que una no supiera de la otra.

Pero llegado un momento, esa amistad inquebrantable se hizo añicos, y fue por mi culpa. La adolescencia, junto a malas decisiones, fueron una combinación explosiva que dinamitó una amistad de más de dieciséis años y la hizo saltar por los aires. Por mi culpa.

La uña se desprendió de la carne, y eso es muy doloroso. Me alejé de mi amiga más valiosa, de mi segunda hermana.

Tal vez te preguntes ¿qué ocurrió? ¿Qué pudo ocurrir que tuviera tanto peso como para renunciar a mi amistad más valiosa? Paula, mi amiga del alma, fue la primera que lo vio. La primera que se dio cuenta de todo. ¡Qué bien me conocía y cuánto me quería! Me quería tanto que lo vio venir de lejos. Se percató de todo cuando yo no veía nada, porque tenía una venda cubriendo mis ojos.

Intentaré explicártelo: un sábado me quedé a dormir en su casa —algo bastante habitual—, pero noté a Paula bastante rara, como muy nerviosa y midiendo sus palabras. Al verla así le pregunté si le pasaba algo, pero respondía con excusas y de forma esquiva. Siempre a la hora de dormir, nos quedábamos horas hablando tumbadas en la cama. Recuerdo decirle en muchas ocasiones: "Tengo los ojos cerrados pero te escucho,

¿vale?". Luchábamos con el sueño para aprovechar al máximo esas "noches de chicas", como nosotras las llamábamos.

Esa noche, ya en la cama, me dijo:

—Tengo algo que contarte, pero no quiero que te enfades, ¿vale?

—Cuéntame —le dije—, sabes que puedes confiar en mí, soy una tumba.

—Pero prométeme que no te enfadarás —me dijo insistente.

—Te lo prometo —dije, alargando la "o" y resoplando—, pero cuéntamelo ya, Paula, me estás asustando.

Entonces me lo dijo, me lo contó todo, como hace una amiga de verdad. No te detallaré la información ya que no aportaría nada a esta historia, pero lo que me dijo afectaba seriamente a mi relación sentimental, y por tanto no me gustó nada, y no me cohibí en mostrar abiertamente mi enfado.

Porque una amiga siempre te dice la verdad, te cuenta lo que tienes que saber y te comparte su opinión, te guste o no. La amistad te dirá lo que es mejor para ti, aunque duela. Personas que te digan lo que quieres oír encontrarás muchas, pero solo quien te quiera de verdad te dirá lo que piensa, te guste oírlo o no.

Según ella hablaba yo iba notando que sus palabras obraban como dardos en mi corazón. Un terrible escalofrío recorrió mi espalda. Seguía aportando detalles, y yo comencé a notar que mi cuerpo se descomponía y me estaba mareando.

Todo lo que decía me dejaba desconcertada. No podía creerlo, no tenía ningún sentido.

> **UNA AMIGA SIEMPRE TE DICE LA VERDAD, TE CUENTA LO QUE TIENES QUE SABER Y TE COMPARTE SU OPINIÓN, TE GUSTE O NO. LA AMISTAD TE DIRÁ LO QUE ES MEJOR PARA TI, AUNQUE DUELA.**

—Eso es mentira —dije lo que en realidad quería que fuera: "mentira", aunque no podía parar de temblar.

—Miriam —ahora me miró fijamente—, ¿de verdad piensas que te voy a mentir a ti?

—¿No quieres verme feliz? —lo dije con furia—. ¿Y es por eso que me vienes con estas mentiras?

—Claro que quiero verte feliz, y por eso te digo lo que es verdad, Miriam, tienes que creerme.

No le respondí, solamente me di la vuelta en la cama y di por concluida la conversación. No daba crédito a lo que había escuchado; era imposible, no creía ni una sola palabra de lo que me decía.

¿Pero que le estaba pasando a mi mejor amiga? ¿Cómo podía venirme con esas historias?

No me gustó lo que me dijo, me dolió mucho y creí fervientemente que aquello era mentira. Aunque más que no creer a Paula, necesitaba y quise convencerme de que no era cierto. Desde ese día tomé distancia; poco a poco fui alejándome de ella, la esquivaba, la evitaba, ella seguía llamando a mi casa casi todas las tardes, pero yo no cogía el teléfono.

Por supuesto que mis padres también se dieron cuenta.

—Cariño, ¿por qué ya no atiendes las llamadas de Paula?

—Tengo que estudiar mamá —decía—, tengo examen mañana.

—¿Os ha pasado algo? —insistía—. Ya no la invitas a dormir a casa.

Lógicamente ella decidió dejar de buscarme. Dicen que casi ninguna relación muere a causa de un alud, sino por un lento proceso de congelación. Ese fue nuestro caso: Paula acusó mis silencios y mis rechazos, y de manera paulatina nuestra amistad se terminó.

Yo sabía que estaba siendo muy injusta con ella, pero la vida va de elecciones, y yo decidí desconfiar de quien merecía mi confianza y fiarme de quien no la merecía. Me puse una venda en los ojos y creí en él... decidí creerle a la persona incorrecta.

Solo años después me di cuenta del enorme error que había cometido al no escuchar los consejos y las advertencias de Paula. Entonces, demasiado tiempo después, valoré enormemente lo buena amiga que fue y lo bien que actuó alertándome. Pero la valoración llegó tarde, cuando ya nuestra amistad había terminado. Llegamos a convertirnos en dos desconocidas cuando habíamos sido hermanas.

Perdí una gran amistad por no saber escuchar. Cometí un gran error... otro gran error.

5

Y LLEGÓ ÓLIVER

Te agradezco mucho que me hayas acompañado en este viaje al pasado, y te ruego que vengas conmigo al presente de la historia que te relato:

El tiempo iba discurriendo y mi "barriguita" lo acusaba, expandiéndose al mismo ritmo que la criatura que alojaba adquiría tamaño y forma. Lo que no progresaba en absoluto, y mucho menos mejoraba, era mi condición personal. Mi estado anímico y emocional iban deteriorándose a un ritmo vertiginoso.

No quiero que me malinterpretes, estaba muy feliz por mi embarazo, era el único aliciente que en ese momento tenía y anhelaba de corazón la llegada de mi pequeño. Pero yo había imaginado un embarazo y un inicio de mi maternidad totalmente diferente. Siempre visualicé ese instante disfrutándolo con mi esposo, ambos unidos, tomados de la mano, totalmente enamorados y sintiéndome apoyada y acompañada en los dolores del parto. Imaginé en el pasado que en ese trance del alumbramiento me sentiría segura y querida... y no fue así, en absoluto.

La debacle en nuestra relación se hizo evidente al cumplirse el primer mes de mi embarazo, por lo que durante toda la gestación estuve más pendiente de mi situación personal y sentimental, que de cuidarme y enfocarme en la evolución de mi embarazo. Me puse en el último lugar, para nada fui consciente, mi cabeza estaba en otras mil preocupaciones más.

Llegué a unos niveles de estrés y ansiedad intolerables para una mujer que está gestando, y eso provocó que en el sexto mes de embarazo sufriera un sangrado muy intenso, que se tradujo en una seria alarma, lo que me obligó a guardar reposo. Probablemente ya sepas que cuando el cuerpo se para, la mente se dispara, y así vi incrementarse mi malestar emocional, que siempre estaba acompañado del siniestro cortejo fúnebre: la feroz angustia y la agobiante ansiedad.

Hoy, con la perspectiva que el tiempo confiere a las cosas, veo con prístina claridad que Dios me protegió y cuidó de mi bebé en todo momento.

El tiempo avanzó, inexorable, y llegó el desenlace: eran las once de la noche cuando noté un fuerte dolor abdominal, y un minuto después una fuerte contracción se hizo notar en la parte baja del abdomen. No cabía duda, había llegado el gran día. Las contracciones se hacían notar con apenas sesenta segundos de diferencia entre una y otra. Tomé la maleta que llevaba preparada varias semanas, y nos encaminamos al hospital.

De camino, en el coche, aproveché para llamar a mi madre; había prometido tenerla al tanto de cualquier novedad.

Antes del segundo tono ella descolgó el teléfono.

—Mamá, estamos yendo al hospital —le dije—. Tengo unas contracciones muy fuertes.

—Vale, cariño, salimos para allá —respondió ilusionada mi madre.

—Mamá, es muy tarde —le advertí—, espera a que lleguemos y te cuento lo que nos digan.

Sabía que no serviría de nada, conocía a mi madre y era inevitable que no viniera, ella está más tranquila estando en el hospital cerca de mí, aunque no me vea; y si te soy sincera, aunque tuviera veinticinco, saber que ella estaba allí cerca me daba la seguridad que solo una madre puede darte.

Como pude prever, el parto no sería rápido; por delante nos esperaban dieciocho horas hasta que el pequeño Óliver decidió salir. Es evidente que se sentía cómodo y confortable en el útero.

El parto fue muy complicado, y mi situación personal no contribuyó positivamente: llevaba meses con insomnio y durmiendo muy pocas horas. La noche anterior apenas logré dormir tan solo cuatro horas, lo que hizo que en el alumbramiento tuviera poquitas fuerzas. Reitero que Dios cuidó de mí y de Óliver en todo momento, por lo que tras mucho esfuerzo y algún pequeño contratiempo, el pequeñín llegó.

Mis padres se mantuvieron cerquita, al otro lado de la pared, en la sala de espera. Aguardando las dieciocho horas. No se alejaron ni un segundo.

Sin embargo, pese a saber que mis padres estaban al otro lado, no conseguía quitarme ese opresivo sentimiento de soledad. Solo logré que se apaciguara al ver a Óliver salir; supe en ese instante que ya jamás volvería a estar sola. Le tendría a él, mi pequeño.

Concluido el parte, vi entrar a mis padres en la habitación; sentir su abrazo y ver a mi hermana con ellos, me hizo sentir totalmente reconfortada. En ese preciso momento pensé en lo tonta que había sido por estar constantemente engañándoles. No pude evitar sentirme muy mal por aparentar tanta normalidad, cuando lo que quería era estar con mi pequeño, rodeada de mi familia y sintiéndome acompañada, querida y cuidada.

—¿Cómo está la mami más bonita del mundo entero? —dijo mi hermana al verme.

—Bien, aunque algo cansada (pero la verdadera respuesta era ¡MAL, ME SIENTO MUY MAL! ¡NECESITO AYUDA!) —eso era lo que quería gritar, pero mi vergüenza me lo impedía.

—¡Chicos!, ¡mirad qué belleza! —exclamó mi madre, invitando a mis sobrinos a que se acercaran para conocer a su nuevo primito.

Todos estaban felices, sonrientes y pletóricos, y yo sentí en ese instante la enorme necesidad de abrirme, contarlo todo y quitarme aquella carga tan pesada que llevaba meses llenando mi mochila. Cada vez pesaba más, y necesitaba sacudirme aquel peso intolerable, reservando mis fuerzas para cuidar al chiquitín que tenía entre mis brazos ahora mismo.

> **ESE PEQUEÑO QUE TENÍA EN MIS BRAZOS, SERÍA PRECISAMENTE EL SALVAVIDAS AL QUE ME AGARRARÍA EN EL FIERO MAR QUE ME TRAGABA.**

Ese día recibí infinidad de visitas, mucha gente quería conocer al pequeño, darnos la enhorabuena, pero yo solo quería estar a solas con mi bebé.

Llegó la noche y por fin, en el silencio y a solas con mi pequeño, lo puse sobre mi pecho y, al notar su respiración, mi taquicardia se atenuó.

Tomé su manita y le susurré. "No sé cómo acabará esto, pero te prometo que siempre, ¡siempre! estaré a tu lado. Lamento que llegues en la mitad de la tormenta, pequeño".

Lo que todavía no sabía era que ese pequeño que tenía en mis brazos, sería precisamente el salvavidas al que me agarraría en el fiero mar que me tragaba. Dios lo puso a mi lado para que pudiera soportar aquella tormenta que no había hecho más que comenzar.

6

SEÑALES DE ALARMA

*Discúlpame por hacer ahora una pausa en mi relato,
pero antes de avanzar en la historia,
veo necesario aclarar algún aspecto.*

Transcurridos varios años, y con la luz que el tiempo arroja sobre los acontecimientos, en mi cabeza se han agolpado un montón de preguntas, la mayoría del tipo: *¿Cuándo fuiste consciente de que algo no andaba bien? ¿En qué momento te diste cuenta de que las cosas no funcionaban? ¿Por qué no tomaste antes* *la decisión de cambiar? ¿Qué te hizo esperar tanto para tomar el camino de salida?*

Debo ser sincera: no he conseguido localizar ese momento del que pueda decir "¡Aquí es! ¡Ese día y a esa hora decidí que todo tenía que cambiar!".

Fue un proceso que se desarrolló poco a poco. Ni me enterré en un instante, ni resucité en un segundo. Mi padre dice de vez en cuando: "El desplome se produce en un instante, pero toda debacle tiene un proceso de gestación". Ni el hundimiento es cosa de un momento, ni la salida se gesta en una noche. Sin embargo, echando la vista atrás puedo ver determinados sucesos que fueron "señales de alarma".

¿Te ha ocurrido alguna vez que en tu automóvil se encienden luces que actúan de "chivatos" para avisar de una avería? Pues eso me pasó, aunque no en mi automóvil, sino en mi propia vida; lo malo es que me negué a ver esas alarmas, aunque me gritaban a diario que algo marchaba mal.

> ## EL DESPLOME SE PRODUCE EN UN INSTANTE, PERO TODA DEBACLE TIENE UN PROCESO DE GESTACIÓN.

Te pondré un ejemplo: cualquiera que me conozca sabe que con mis horarios de comida no se juega. Cuando me levanto en la mañana, necesito desayunar para ser persona. Sin mi taza de café y algo que comer, no solo soy infrahumana, también soy un poquito peligrosa. Si valoras tu vida, te recomiendo que no me hagas pensar ni hablar mucho en los primeros momentos del día, espera por lo menos hasta que haya desayunado.

Sigamos avanzando en la jornada: llega la hora de la comida y me ocurre exactamente igual. A la una de la tarde ya tengo hambre. Haciendo un esfuerzo sobrehumano puedo esperar a comer contigo a las dos de la tarde (si me lees fuera de España debes saber que la hora de almuerzo en mi país discurre a partir de las dos, y no es extraño almorzar a las tres y media o cuatro de la tarde); pero, por lo que más quieras, no me hagas esperar hasta las tres, porque entonces el Doctor Jekyll comenzará a transformarse en Mr. Hyde. Como lo lees: una pavorosa transformación va fraguándose en mí, comenzando por mi rostro, que adquiere un matiz de seriedad, y poco a poco irá convirtiéndose en enfado, y si no me alimentas degenerará hasta convertirse en la furia de una manada de pitbulls hambrientos.

He intentado controlarlo, pero al final tuve que admitir que es algo superior a mí: no puedo dominarlo, y te aseguro que me esfuerzo, pero a mis treinta y dos años he constatado científicamente que mi barriga y mi estado de ánimo están conectados: barriga vacía genera furia; tripita llena provoca sonrisa.

Por eso me resultó tan sorprendente cuando un día, mientras daba un paseo con mi madre, ella me dijo.

—Hija, tienes el rostro muy delgado. ¿Estás comiendo bien?

Esas palabras me hicieron caer en la cuenta de que ese día no había comido nada. Miré la hora en la pantalla de mi teléfono: ¡eran las siete de la tarde!

Me quedé perpleja. ¿Cómo podía ser? ¡Se me había olvidado comer! y no aparecieron los *pitbulls*, ni tampoco Mr. Hyde.

Puede parecerte una tontería, pero en mi caso no lo era; por el contrario, era una señal de alarma muy elocuente. Que un rasgo característico y arraigado no hubiese funcionado, era una luz roja deslumbrante. Algo no funcionaba bien. Pero por más relumbrante que fuera la alarma, no la supe ver. No lo percibí ese día, ni tampoco en otras muchas ocasiones que siguieron a esa, incluido el tiempo de mi embarazo. Se me olvidaba comer, porque había perdido el apetito. La preocupación tenía tan comprimido mi estómago que no había lugar para el alimento. Ni siquiera me atraían los dulces, ¡a mí que soy supergolosa! Me pierde el dulce, ya sea el chocolate o cualquier otro miembro de esa apetitosa familia de azúcares, en su diversa forma y color.

Poco después se encendió otra luz de aviso, en esta ocasión algo más serio y que, ahora sí me hizo recapacitar y plantearme algunas cosas.

Ocurrió meses después, durante una revisión rutinaria en el embarazo. En esos controles lo primero que hacen es pesarte, y fue en la báscula donde se iluminó la siguiente "señal de alarma".

—Miriam, no has ganado apenas peso —dijo la doctora—. ¿Estás alimentándote bien?

—Sí —pero me faltó decir: "cuando me acuerdo".

Con gesto serio la doctora me indicó:

—Debes cuidarte, y tienes que ser consciente que ya no solo cuidas de ti, ahora los cuidados que tengas influyen en tu pequeño —me miró con mucha seriedad y añadió—; y los cuidados que no tengas, estarás quitándoselos a él, a tu pequeño.

Después de desplegar sobre la mesa unos papeles, prosiguió con la explicación.

—Estás en el sexto mes de embarazo y apenas has ganado 4 kilos y 890 gramos —me miró con fijeza e insistió—; no llegas ni a los 5 kilos. Tienes que cuidarte, Miriam.

En ese momento fui más consciente de mi realidad: no tenía apetito, comía por obligación, pero no disfrutaba en absoluto de esos momentos que antes tanto me gustaban. Algo estaba pasando; algo que no tenía nada que ver con las náuseas propias de un embarazo. No era fisiológico, sino mucho más profundo, pero no lograba identificar claramente qué era.

La siguiente "señal de alarma" (que ahora con el paso del tiempo puedo identificar) va casi de la mano de esta primera. Se describe con una palabra: apatía.

Me sentía totalmente apática. Mi estado de ánimo era el mismo todo el día y a todas horas. No experimentaba cambios, ni para bien, ni para mal. Las horas, los días, las semanas, pasaban sobre mí sin que yo experimentase motivación, ilusión ni alegría. Hoy sé que ese estado se encuentra justo en la antesala de la depresión. Lo sé hoy, pero entonces no era consciente.

Siempre me encantaron los retos, hacer cosas nuevas, sentirme realizada. "Eres multifunción", me decían muchas veces mis amigas. "Puedes estar contestando un *whatsapp* a la vez que mantienes una conversación y preparas la comida". Pero ahora, cuando tenía todo el tiempo del mundo (por las características de mi trabajo me dieron baja laboral a las veinte semanas de embarazo), no era capaz de encontrar motivación para hacer algo. Disponía de todo el día libre hasta que mi bebé tuviera cuatro meses de vida. Tenía muchas horas para vivir, pero me faltaba el aliento de la vida.

En cualquier otro momento habría aprovechado ese tiempo para darme mil paseos, escuchar *podcasts*, cocinar, leer un montón de libros, incluso hacer unos cuantos cursos sobre educación, algo que me interesaba mucho. Sin embargo, ¿qué estaba haciendo?

Nada. No estaba haciendo nada.

Si me ponía a leer, concluida la segunda hoja tenía que volver a empezar, porque no había entendido ni una línea. Me resultaba imposible concentrarme.

Si intentaba hacer un bizcocho, se quemaba. Si no podía leer, ¿cuánto menos iba a ser capaz de estudiar y sacarme un curso?

Sentía como si una persona diferente hubiera ocupado mi cuerpo. No entendía qué me estaba pasando.

Quiero hablarte de una última y muy alarmante "señal de alarma": el insomnio. Era incapaz de dormir; mi cabeza iba a mil revoluciones durante el día, pero al llegar la noche la velocidad se multiplicaba hasta adquirir un ritmo literalmente insoportable. Miles de pensamientos sombríos y aciagos se convocaban en mi mente.

"Será por el embarazo", pensé al principio.

Óliver nació y, obviamente, el embarazo llegó a término, pero el insomnio persistía. "Será por lo inquieto que es el bebé", pensé entonces. Estaba agotada, completamente exhausta, pero no lograba dormir; era totalmente imposible.

Transcurridos varios meses en los que esta situación persistió, mi cuerpo dijo "hasta aquí", e hizo ¡*crack!* Se quebró...

No, ese *crack* no se percibe de forma audible, ni tampoco se ve. Se manifiesta mediante un dolor. Pero no es una molestia física, sino algo mucho más profundo e infinitamente más intenso. Como te dije en páginas atrás: duele más allá del umbral del corazón... lo que duele es el alma. Te cuesta respirar, mantenerte de pie, incluso parpadear. Me quebré por completo.

Ignoradas aquellas "señales de alarma", llega el día en que te rompes y te sientes morir en vida. No me pidas que te lo describa o explique, porque me resulta imposible; la sensación es indescriptible. Creo que solo quienes hemos llegado a rompernos, sabemos cómo es.

La percepción es equiparable a asumir que todo se ha acabado, que tu vida nunca volverá a ser la misma y que todo perdió el sentido; entonces la culpa entra en escena, te abraza con mortal lealtad y te acompañará durante mucho tiempo.

Culpa por no haberte dado cuenta antes.

Culpa por no tomar buenas decisiones.

Culpa por lo que hiciste, y culpa también por lo que debiste hacer y no hiciste.

Culpa por el daño que sufres, y culpa también por el daño que estás haciendo a los que te quieren.

Culpa por no lograr estar feliz.

Culpa por no tener ganas de sonreír.

Culpa, culpa y más culpa.

Y desde ese día te toca lidiar con ella, negociar y pelear en un intento de que la culpa se vaya, que desaparezca y regrese la ilusión. Que retornen las ganas de vivir y la energía.

Sin duda que ese día llegará; pero también eso es un proceso, y yo acababa de iniciarlo.

Ya hice estas aclaraciones que veía muy necesarias. Ojalá mi ejercicio de sinceridad no te haya desanimado. Me encantaría que sigamos hablando. De hecho, te invito a que sigas acompañándome en mi proceso. Debo advertirte que desde la siguiente página ya no verás a la misma persona, seguirá siendo Miriam, pero completamente rota y, ahora sí, plenamente consciente de su estado. No solo estaba rota... ahora yo lo sabía y también lo sentía. Sabía que estaba completamente quebrada.

7

IRENE

¿Recuerdas que unos capítulos atrás te hablé de dos amigas muy importantes para mí? Ya te presenté a Paula, y ha llegado el momento de que conozcas a Irene, porque justo en ese complicado momento de mi vida regresó esa amistad tan bonita que tuve desde pequeña. Irene nunca ha dejado de estar presente en mi vida, pero hay años que podemos vernos más y otros menos. La rutina, el trabajo y mil circunstancias hacen que no nos veamos tanto como quisiéramos, pero justo cuando estaba completamente rota, ¡apareció!

Acompáñame de nuevo, por favor.

Ese día me levanté muy gris, algo en mi interior no andaba bien y eso me enfadaba. Descorrí las cortinas solo para comprobar que el día no andaba mejor, estaba igual de gris que yo.

Terminaba de tomarme el café cuando recibí un mensaje de mi padre.

—¿Quieres que vayamos a desayunar al Vips?

¡Uf!, no me apetecía nada. Me mareaba con solo pensar en tener que ducharme, vestirme y preparar a Óliver para salir.

Hasta responder al mensaje me daba pereza, pero no había más remedio que hacerlo.

—No hemos dormido nada, papá —escribí—. Estoy agotada y Óliver no se encuentra muy bien. Lo dejamos para otro día, ¿te parece?

Bloqueé el teléfono y decidí no volver a mirarlo. No quería tener que justificarme una sola vez más. Acababa de bajar de la cama y ya estaba agotada; ese día solo quería estar tumbada en el sofá con mi niño y mis gatos, y no hacer nada. Ni saludar a nadie, ni fingir una sonrisa más.

Y así discurrió casi todo el día, cuando de repente, el timbre de la puerta sonó. Óliver brincó en su minicuna, los gatos casi infartan y yo di un brinco digno del malabarista de un circo. Me sobresalté y asusté a partes iguales.

No esperaba visita y deseé con todas mis fuerzas que nadie hubiera tenido la mala idea de venir a verme. Mi aspecto gritaba a voces cómo estaba mi interior. Ese día no iba a ser capaz de mentir a nadie, ni de ocultar mi realidad.

Me asomé por la mirilla y, aliviada, comprobé que era el cartero. No logro explicar el alivio que sentí cuando vi el uniforme amarillo.

—Un paquete para Miriam Navajo —dijo el hombre, imagino que evitando mirar mi deplorable aspecto.

—Sí, soy yo.

—Firme aquí, por favor.

Cerré la puerta, y di vueltas al paquete, intentando localizar al remitente.

Enseguida lo localicé: "Irene". Ella me lo enviaba.

Sonreí al verbalizar su nombre.

—Irene...

Así reapareció esa amiga que conservo de toda la vida. No exagero... DE TODA LA VIDA. A los dos años de edad coincidimos en la misma escuela infantil, y compartimos aula hasta nuestra adolescencia. En definitiva, es una de esas amistades que duran para siempre.

Irene y yo podemos estar meses e incluso años sin vernos, pero sabemos que cuando una necesite de la otra, es suficiente una llamada o un mensaje para que la amiga vuele y llegue a donde sea necesario.

Abrí la caja. ¡Un abriguito para Óliver! ¡Era precioso!, de borreguito y de color blanco. Una monada.

Corrí a ponérselo a Óliver, tomé el teléfono y lo fotografié. Enseguida le mandé la fotografía junto a un mensaje: "¿Cómo puedes tener tan buen gusto para la ropa de bebé?, ¡me encanta! ¡Gracias, amiga!"

Antes de que pasaran cinco minutos llegó su respuesta.

—¡Le queda precioso! No es el abrigo lo que es bonito, es quien lo lleva puesto. ¿Qué tal estás? ¿Cómo te sientes?

Es una pregunta tan sencilla y habitual que muchas veces hacemos por pura inercia, pero en ese momento significaba tanto para mí.

¿Que cómo estoy?, hablé conmigo misma. No sabía si sumando las últimas dos noches habría dormido cinco horas; llevaba más de dos días sin ducharme y sin salir de casa. Daba verdadera lástima.

No tenía fuerzas para contestar, ni tampoco tenía energías para fingir y mentir diciendo que todo estaba bien. Opté por bloquear el móvil, cerrar los ojos e intentar descansar algo mientras Óliver, a quien acababa de dejar en su minicuna, terminaba de quedarse dormido.

De pronto me sobresaltó su llanto. El pequeño se había despertado. Miré el teléfono y asombrada observé que eran las diez y media de la noche, y yo no había cenado. Al buscar la hora vi el *whatsapp* que aparecía en la pantalla, era de Irene, no se conformó con mi silencio como respuesta.

—Amiga, ¿estás bien?

Y de repente ocurrió... necesitaba soltar algo de mi carga, no soportaba más tiempo llevándola yo sola.

—¿Estás libre? —le escribí—. ¿Quieres venir a cenar a mi casa?

No tardó ni un minuto en responder.

—Salgo para allá. ¿Quieres pizza?

Veinticinco minutos después estaba llamando a la puerta de casa y cruzándola con dos cajas de pizza calientes. Me eché a sus brazos y rompí a llorar.

Era demasiada la carga que llevaba. Demasiadas mentiras soportadas —y esas pesan horrores—, demasiados días sola con un bebe recién nacido, y rota de dolor interno.

Irene me obligó a comer ya que yo no tenía apetito, y entre pedazo de pizza carbonara y otro de cuatro quesos, solté todo. Lo volqué de golpe, sin darle tiempo a asimilar tanta información como le llovía. Toneladas de carga interior que fluyeron en forma de frases empapadas en lágrimas.

Ella me escuchaba sin soltar a Óliver, y yo gocé de poder hablar y contarlo todo; a eso se unió el lujo de usar mis dos manos para comer, algo que llevaba meses sin poder hacer, y que ahora valoraba mucho.

—¿Quién más lo sabe, Miriam? —preguntó.

—Nadie.

—¿No has dicho nada a nadie en todo este tiempo? —Irene no daba crédito a lo que oía.

—No, agaché avergonzada la cabeza.

—¿Por qué?

—Por miedo —reconocí—. Yo quería perdonar; pienso que puedo gestionarlo, pero no sé cómo reaccionarán ellos. Creo que yo puedo, pero si meto a más personas, nada será igual. Quiero recuperar mi vida de antes.

—Miriam... "yo puedo, yo puedo"... ¿y ves cómo estás ahora por tu "yo puedo" y por llevarlo tú sola? —Irene estaba enfadada conmigo, porque me quería—. Puedes querer la vida de antes, pero a veces ocurren cosas que nos cambian. Si alguien toma una decisión, la toma, y las acciones traen consecuencias, te guste o no, y toca asumirlas.

Agaché la mirada y rompí a llorar, estaba agotada.

—Perdóname Miriam —la conmocionó verme así—. A lo mejor no era momento de decirte eso. No nos adelantemos, vayamos día a día y paso a paso. Ya no vas a estar sola, estaré a tu lado y juntas recorreremos el camino.

Un manto de alivio me cubrió al escuchar esas palabras que surgieron de su boca.

—Y ahora ve a ducharte —añadió—. Me quedo a dormir, no voy a dejarte sola.

Fui a la ducha; lloré y lloré bajo el agua. Me sentía más ligera, había compartido mi carga y eso hacía que me sintiera más aliviada. "¡Qué razón tuvo quien dijo que cuando abrimos el corazón y compartimos una carga, esta pesa la mitad!".

Pero en su mirada lo supe: por primera vez vi la compasión en los ojos de alguien. Al mirarme en el espejo de aquellas pupilas supe que era inevitable, mi vida había cambiado y nunca volvería a ser como antes, y yo... yo quería recuperar mi vida de antes.

Lo que no sabía en aquel momento es que la vida está formada por etapas. Hay acciones y también decisiones que conllevan cambios tan grandes en nosotros y en nuestras circunstancias que las cosas no pueden volver a ser como antes.

> ## ¡CUANDO ABRIMOS EL CORAZÓN Y COMPARTIMOS UNA CARGA, ESTA PESA LA MITAD!

Jamás podré agradecer a mi amiga lo suficiente por el acto de amor que hizo viniendo aquella noche a cenar conmigo y quedándose luego a dormir. Sentir su compañía en medio de toda la tormenta fue maravilloso. Experimentar de nuevo el cariño de alguien a quien le importas; sentirte acompañada, recibir un abrazo, poder abrirte y contar las cosas, sentir el apoyo de quien te quiere. Es una inyección de paz.

Por supuesto que hay otras muchas personas que me aman y habrían volado para estar a mi lado con solo habérselo permitido. Pero ¿cómo iban a ayudarme? ¿Cómo podían demostrarme su cariño si yo no me abría para pedir su ayuda?

Lo importante es que aquella noche busqué esa ayuda, e Irene fue un ángel para mí: la primera persona a la que abrí mi corazón, y ella respondió con amor.

Alimento, ducha y compañía en la noche. Un bálsamo curativo.

Después de haber vaciado mi corazón con Irene, pude ver las cosas con algo de perspectiva y supe que tenía que dar el paso, tomé la decisión, no podía seguir así, estaba totalmente rota, mi matrimonio estaba roto, y necesitaba contárselo a mi familia.

Yo, con un pequeño de dos meses a mi cargo, tenía que asumir que mi vida no podía seguir así, ya no podía recuperar mi vida de antes, había agotado todas las posibilidades, intenté arreglarlo y todo fue en vano, no quedaba más alternativa, tenía que dar el paso.

Entonces lo hice, llamé a mi hermana, pero este episodio, será mejor que te lo cuente ella.

8

AYUDA

Ese día lo recuerdo como si fuera hoy mismo. Ni puedo, ni quiero olvidarlo. ¿La razón? Fue la jornada en que llegó la llamada que durante tanto tiempo estuve esperando. Conocía a mi hermana y sabía que antes o después esa llamada llegaría, por esa razón siempre me mantuve cerca. Por más que se mostrase esquiva o me rechazara diez mil veces, seguí a su lado para estar cerca y brindarle ayuda en cuanto ella decidiese pedirla. Pero ¿podía haber peor momento para recibir su llamada? Honestamente, creo que no.

Era miércoles, lo recuerdo perfectamente porque era el día de la semana en el que más tarde regresábamos a casa. Era una jornada extenuante. Tras el inacabable horario escolar había que acudir a las extraescolares de música con mi hija, y cuando por fin llegábamos a casa, teníamos el tiempo justo para darnos una ducha, bañar a los niños y preparar algo de cena.

Así que bañé a los niños y me metí yo en la ducha. Justo cuando me enjabonaba el pelo comenzó a vibrar mi reloj, avisándome de la entrada de una llamada telefónica. Cuando vi en la pantalla el nombre de "Miriam", mi corazón se desbocó. Ella jamás llamaba por teléfono de no ser por algo sumamente importante; mi hermana siempre recurría a mensajes de *whatsapp* o notas de voz, aunque fueran igual de extensos que un *podcast*, en el pasado siempre nos reíamos de lo largos que podían llegar a ser sus mensajes de voz.

—Pero ¿no te das cuenta de que con lo que tardas en mandar un audio de siete minutos y esperar luego la respuesta pierdes mucho más tiempo que haciendo una llamada? —le decía yo siempre.

—Ya, Querit, pero yo no sé si en ese momento te va a venir bien atender mi llamada. Para evitar molestarte prefiero mandarte el mensaje y que tú lo escuches en un momento en que estés tranquila o que te venga bien. No quiero andar molestando —me respondía ella siempre.

Pero aun los mensajes escritos o las notas de voz eran algo que últimamente no habían llegado, por eso me resultó tan alarmante la llamada.

En plena ducha no pude atender su llamada, pero antes de dos minutos volvió a vibrar mi reloj; sin pensármelo dos veces y con la cabeza llena de jabón, me envolví en una toalla lo más rápido que pude, salí de la bañera y a duras penas conseguí responder la llamada y conectar el altavoz para no echar a perder mi iPhone con el agua y el jabón que escurrían de mi pelo.

—¡Hola Miriam! —le dije con toda la naturalidad y alegría que pude—. ¡Qué alegría recibir tu llamada!

No escuchaba nada, solo ruido.

—¿Miriam? —mi corazón, ya de por sí acelerado, adquirió un ritmo espantoso. Mis piernas comenzaron a temblar.

—¿Puedes...? —sollozos—. ¿Puedes...?

Me pareció escuchar que rompía a llorar. Su voz se escuchaba quebrada por el llanto y no era capaz de terminar la frase.

—Miriam, ¿dime qué necesitas? —le supliqué, creo que incluso grité, estaba en tal estado de nervios que me temía lo peor—. Dime, Miriam, ¿qué necesitas?

—¿Puedes venir a por mí? —lo dijo llorando, como pudo. Y a mí se me rompió el alma.

—Claro que sí —respondí de inmediato—. ¿Dónde estás? ¿En casa?

—Sí —respondió—. Estoy en la calle, en la rotonda principal.

—Vale, salgo ya.

Concluida la conversación, inspiré profundamente. Saber que mi hermana estaba en la calle, llorando y necesitando de mí, me quebró.

De pronto me miré en el espejo. Había olvidado que tenía el pelo enjabonado y que estaba empapada, pero ella no podía esperar.

—¡¡¡David!!! —grité, asomándome al pasillo.

Mi marido salió volando para ir por ella.

Lo siguiente que recuerdo es verlos entrar en casa, no tardaron ni cinco minutos, el tiempo justo para secarme el cabello y el cuerpo, ponerme algo de ropa y esperarles. Cinco minutos que se me antojaron una eternidad.

Cuando la vi cruzar la puerta de la casa, me costó reconocerla, ¿De verdad era mi hermana? Estaba consumida, derrotada, triste. Incluso en su forma de caminar se apreciaba la enorme carga que llevaba.

Corrí hacia ella y la abracé. Fue un abrazo intenso y sincero; conforme la apretaba sentía por momentos que se descoyuntaría y se haría pedazos delante de mí... tan frágil y débil la notaba.

Tras algunos minutos la liberé de mi abrazo y la miré a los ojos. Estaban hinchados; su mirada, normalmente tan alegre, ahora mostraba un inmenso vacío. Aquellos ojos... los ojos jamás mienten: si estás feliz, brillarán; si estás triste, se mostrarán apagados; si estás enojado, se mostrarán sombríos; si estás enamorado, exhibirán magia; y si estás angustiada, gritarán por ayuda. Este último era el caso de Miriam, sus ojos suplicaban ayuda. Negros como el azabache y siempre brillantes, en ese instante suplicaban a gritos "¡ayúdame!".

¿Y el brillo de sus pupilas? ¿Dónde estaba? Lo busqué pero no logré verlo por ningún lado... había desaparecido.

Debajo de los ojos solo alcanzaba a ver unas enormes ojeras, marcadas y hundidas.

Detrás de mi hermana entró mi marido, llevando a Óliver, el pequeñín de dos meses, en sus brazos. Él se aproximó y me susurró al oído:

—Id al salón. Yo me quedo con los niños en la cocina, preparando la cena.

—Gracias —alcancé a decirle.

Y allí, solas en el salón, nos sentamos en el sofá y rompió a llorar. Creo que estuvimos más de diez minutos así, yo abrazada a ella, que no cesaba de llorar. Noté su respiración convulsionada; su corazón latiendo a mil por hora, toda ella temblaba, y yo... yo me sentía fatal, consciente de que mi hermana llevaba largo tiempo cargando con aquello, sin que yo pudiera ayudarla. Tardó demasiado tiempo en venir a mí, pero ahora por fin lo había hecho.

Cuando se relajó, dio un sorbo de agua y por fin pudo pronunciar palabra.

—No puedo más Querit, necesito contártelo.

Y se abrió: Me contó todo lo que le había estado ocurriendo; y cada palabra suya era como un disparo a mi corazón. Me dolió, me dolió enormemente saber que llevaba casi un año cargando con un peso tan atroz. Me dolió saber que todo eso ocurrió estando ella embarazada. Me dolió saber que se encontró completamente sola y cargando con ese peso sobre su espalda. Me dolió que no pidiera ayuda.

Al notar el sabor salado, fui consciente de las lágrimas que recorrían mis mejillas llegando hasta mis labios. Me di cuenta de que ahora era a mí a quien le estaba costando respirar. Sentí una enorme presión en el pecho y tuve que salir a buscar un vaso de agua.

David me miró, no tuvo que preguntarme, me abrazó y me dijo:

—Tranquila, id a la habitación. Ya doy yo de cenar a los pequeños.

Óliver se había quedado dormido. Parecía ser consciente de que ahora era su madre quien necesitaba ayuda y atención.

Los pequeños, Emma e Ethan, solo decían...

—¿Está bien la tita?

—Sí —les dije—. Solo le duele un poquito la tripa.

—Yo tengo mi jarabe —exclamó Ethan—. ¿Le damos un poco?

Sonreí y le di un beso en la frente. Bendita inocencia.

Nos fuimos a la habitación y allí estuvimos hablando largo y tendido. Entonces comprendí muchas cosas, y comencé a entender comportamientos suyos que antes no me cuadraban.

Me comentó lo avergonzada que se sentía por las mentiras que nos había dicho y por todo lo que nos había estado ocultando. En parte entendía que ella hubiera tardado tanto en contárnoslo. Intentó arreglarlo por su cuenta, pretendió reparar su vida, pero ya no podía más.

¿Qué le ocurrió a mi hermana?

Los detalles y hechos no importan, son lo de menos, y en realidad no aportan nada. Al final todo puede resumirse en que se rompió. Su dolor era idéntico e igualmente atroz al de todas las personas que se rompen, sea en el ámbito que sea: laboral, económico, sentimental...

Comienzas un proyecto con mucha ilusión, lo das todo de ti, te esfuerzas en cuidarlo, construirlo y conservarlo. Pero sucede algo con lo que no cuentas; llega algo que no esperas, o se desata una tormenta cruel e inesperada. Entonces peleas contra viento y marea, luchas con todas tus fuerzas y agotas tus energías, pero no sirve de nada.

Ves que todo tu proyecto de vida se destruye, pero en este caso lo que se destruía estaba llevándose por delante a mi hermana; estaba destruyendo su salud física, mental y emocional. Y todo eso con un bebé de dos meses.

Ella estaba rota y tenía miedo, mucho miedo. Y lo confieso, yo también.

—Miriam —le dije—, me duele que hayas tardado tanto en contármelo, pero puedo entenderte.

—Lo siento —dijo ella, agachando la cabeza.

—Estoy aquí, no estás sola, vamos a salir de aquí juntas —la abracé con todas mis fuerzas.

—Gracias, dijo con dulzura —y me recordó cuando era mi niña pequeña y yo cuidaba de ella.

—Pero tienes que decírselo a papá y a mamá, Miriam, no puedes esperar más.

—Dame tiempo Querit, por favor —me suplicó.

—Está bien —admití—, pero quédate a dormir por favor.

Necesitaba que estuviera conmigo, no separarme de ella, cuidarla, me aterraba dejarla sola.

—No, Querit, quiero volver a casa. Óliver necesita su cuna, tengo todos sus biberones y la leche en casa.

—Vamos y lo traemos —le rogué.

—No, Querit, es muy tarde, los niños mañana tienen cole y son casi las once y no te he dejado ni cenar.

Lo entendí, sabía cómo era mi hermana y que era inútil intentar forzarla a nada. Me sentía agradecida de que me lo hubiera contado, y no quería distanciarla ni agobiarla. Era imprescindible respetar su espacio y sus tiempos.

—Está bien, Miriam; pero dormiré con el teléfono activo. Si necesitas cualquier cosa, llámame, por favor.

Y así terminó aquel día. Por supuesto que no logré dormir, solo llorar y rogar a Dios por mi hermana. Era consciente de que no nos enfrentábamos a unas semanas fáciles, pero Él estaba a nuestro lado.

AHORA UN FLASHBACK

Y el día que siguió a este ya te lo ha contado ella, Miriam... ¿Lo recuerdas?

Espera que lo rescate del archivo y te lo muestre. Mi hermana, Miriam, lo relató así:

—Serán solo unos días, papá.

—Lo que necesites hija, lo que necesites.

Llegué a casa de mis padres y ellos se ofrecieron a quedarse cuidando del pequeño para que yo aprovechase en descansar. Fui al baño y, apoyada en el lavabo, me miré en el espejo, no podía reconocer la imagen que el cristal reflejaba. Tenía los ojos hinchados de tanto llorar, unas ojeras marcadas, muy pronunciadas, y estaba sumamente delgada. Dicen que la mirada es el reflejo del alma; en mi mirada solo veía dolor y tristeza en dosis gigantescas.

¿Cómo había llegado hasta ese punto? ¿Por qué no había tomado mejores decisiones en mi vida?

9

PRIMERAS VECES

Mi recuerdo de este periodo es bastante confuso e incierto. No tengo imágenes claras, ni mi memoria registra muchas vivencias concretas. Sin embargo, y esto es muy curioso, tengo vivas y muy presentes algunas sensaciones, sentimientos y emociones que estaban enterradas desde hacía tiempo y en esos días comenzaron a resurgir. Tras dar el paso de pedir ayuda, y al sentirme arropada de nuevo por personas que me amaban, empecé a revivir esas sensaciones y a disfrutarlas como si fuera la primera vez.

Una de ellas, deliciosa y placentera, fue la de abrir la puerta de mi habitación en la mañana y sentir el aroma del café recién hecho y el olor del pan tostado, que mi padre acababa de preparar.

PRIMERA GRATA SENSACIÓN QUE SENTÍ RESUCITAR

Mi memoria tiene fresca la sensación de llegar a la cocina y sentarme, con Óliver en mis brazos, y ver que mi padre tardó dos segundos en servirme una taza de café y prepararme una tostada con crema de queso y jamón York recién cortado. Esa mezcla de aromas resultaba curativa.

En mi mente, y creo que en mi alma, quedó grabado a fuego el caudal de emociones positivas que resucitaban al sentirme cuidada después de mucho tiempo; percibir que de verdad te aman y que lo demuestren protegiéndote, atendiéndote, amparándote..; en definitiva, reconstruye tu vida.

También recuerdo cómo desde que volví a casa de mis padres, no volví a saltarme ninguna comida del día. Era increíble, comer, algo tan natural, para mí había dejado de serlo. Ellos se ideaban múltiples formas de que volviera mi apetito. Mi madre me inundaba de cariño, mientras mi padre preparaba la mejor tortilla de patatas del "mundo mundial".

Un inciso: probablemente no lo sepas, pero si mi padre no tiene el trofeo a la mejor tortilla de patatas del planeta, es porque no se ha presentado al concurso. De haberse presentado, ese trofeo estaría expuesto en su cocina.

Ahora regresemos a ese maravilloso momento en el que mis emociones extinguidas comenzaron a revivir. Aflora a mi memoria la imagen de mi madre madrugando mucho para preparar otro de mis platos preferidos: ¡La lasaña a la que ella da un toque único! Antes de acudir a su trabajo lo dejaba todo listo para disfrutarla juntos a la hora de la comida.

—Cariño —me preguntaban a diario—, vamos a hacer la compra, ¿qué te apetecería comer? Me interrogaban con extrema prudencia, intentando que no me sintiera acosada en medio de mi inapetencia. Soy consciente de que se preocupaban por mí; sabían que lo vivido a través de los últimos meses había aniquilado mi apetito, y ellos daban lo mejor de sí para preparar comida que me resultase apetecible. El objetivo era que poco a poco se normalice mi ingesta de alimentos.

En la cocina hay un cajón destinado en exclusiva a los dulces y la repostería. Sabiendo que soy golosa se cuidaron de que ese pequeño almacén que hay junto al cajón de los cubiertos estuviera rebosante de galletas, bizcochos y chocolates de lo más variado y exquisito. Todo lo que en algún momento de mi vida manifesté que me gustaba, estaba allí.

Cuando iba con ellos a hacer la compra, debía ser cuidadosa al pararme a mirar algún producto. Si mi atención se prolongaba por más de tres segundos, ellos interpretaban que eso me gustaba, y de inmediato lo ponían en el carro de la compra.

—Cariño —decía mi madre—, cógelo.

—No, mamá, tenemos muchas galletas ya en casa. Solo estaba mirando.

—Cógelo —insistía—, a mí también me apetece.

Luego ella nunca lo tocaba, era yo quien lo comía.

Cuidado y atención en el más enorme y curativo sentido de las palabras: lo sentí, lo percibí y me ayudó. Sí, el que me cuidaran y consintieran desde el primer día que llegué fue una ayuda esencial en mi reconstrucción. Yo había retornado al hogar del que había salido con la intención de llevar adelante mi proyecto de vida. Ahora había regresado dejando afuera ese proyecto... totalmente hecho ruinas. Salí de aquella casa con mil ilusiones y casi ninguna decepción. Ahora retorné con mil decepciones y ninguna ilusión. Pero el amor que me estaban dando era como un hilo de oro que suturaba mi corazón desgarrado.

Y una parte de la terapia consistía en alimentarme adecuadamente. Mis padres eran conscientes de que la fisiología afecta a la psicología, y para que mi mente sanara, mi cuerpo debía estar saludable.

No regresó fácilmente el apetito. Nunca tenía sensación de hambre, pero sentarte a comer y oler la exquisita lasaña; abrir el cajón de los dulces y tener a tu disposición tus galletas favoritas, fue de ayuda, de una enorme ayuda.

> EL AMOR QUE ME ESTABAN DANDO ERA COMO UN HILO DE ORO QUE SUTURABA MI CORAZÓN DESGARRADO.

SEGUNDA GRATA SENSACIÓN QUE SENTÍ RESUCITAR

La segunda sensación que recuerdo y que supuso una inyección de vitaminas en mi sistema nervioso central fue ¡descansar!

En principio el insomnio persistía, esa imposibilidad de conciliar el sueño se había arraigado de tal modo que parecía irreversible. Tampoco ayudaba el hecho de que Óliver siguiera sin dormir más de cuatro horas en la noche y constantemente había que darle su toma de biberón. Pero tener a mis padres y a mí hermana durante el día ayudándome con el pequeño suponía un alivio muy grande, pues eso me permitía descabezar largos sueños en la maravillosa cama de 2 x 2 metros que me asignaron al instalarme en su casa.

Fue maravillosa la sensación de aquella noche en la que, mientras cenábamos, mi madre me dijo:

—¿Qué te parece si esta noche me ocupo yo de Óliver y tú descansas?

La propuesta me hizo sonreír; lo necesitaba desesperadamente. ¿Dormir toda una noche sin interrupciones? Ya no recordaba lo que era eso... La propuesta encendió mil luces en mi alma.

Pero... de pronto me atacó el síndrome de "mala madre". ¿Cómo iba a pasar una noche sin ocuparme del pequeño?

—Gracias, mamá —le dije—, pero debo ser yo quien por las noches cuide de él. Dejarlo toda la noche es mucho tiempo.

—Hija, tienes que dejarte cuidar —me reconvino mamá—. Necesitas estar cuidada para poder cuidar bien de él. Si tú no estás bien, no podrás atenderlo correctamente.

Los acertados argumentos de mi madre, sumados al extremo cansancio que tenía y el panorama incomparable de toda una noche de descanso, me motivaron a aceptar.

—Está bien, mamá. Muchas gracias, pero solo está noche.

Descansé como hacía muchísimo tiempo no lo hacía. A la mañana siguiente me sentía renovada, y agradecí infinitamente ese gesto de mi madre.

Sin que llegásemos a un acuerdo verbal, y sin haberlo pactado, de forma natural, fuimos alternándonos en el cuidado nocturno de Óliver. Varias noches ella se ocupaba de atenderlo y de darle la toma nocturna de biberón.

Asumí que si yo no me encontraba descansada y en condiciones, no podría brindar el cuidado y la ayuda que mi hijo necesitaba.

¡Qué importante es dejarse cuidar y ser estricta con el descanso cuando no estás bien emocionalmente! Sé que ya lo escribí antes, pero déjame que te lo recuerde: la fisiología afecta a la psicología, y la psicología afecta a la fisiología. Ya lo decía la cita latina que aparece en las Sátiras de Juvenal: *Men sana in corpore sano.*

El gesto de mi madre facilitó mi descanso y me hizo recuperar esa maravillosa sensación de sentirse fortalecida tras una noche de sueño reparador. Contribuyó de forma definitiva a mi restauración emocional.

TERCERA GRATA SENSACIÓN QUE SENTÍ RESUCITAR

La tercera sensación que recuerdo, y me hace sonreír, fue volver a comer caliente y utilizando las dos manos.

¿Te resulta extraño?

Estoy segura de que todas las madres y padres del planeta que se han implicado activamente en la crianza, me entienden.

Desde que Óliver nació yo comía con una mano (y ya sabes que comía de tarde en tarde), pues la otra estaba ocupada en sostener al pequeño. Además era tan complicado el proceso de alimentarme con un bebé tan inquieto y precisado de cuidados, que lo poco que comía siempre estaba frío.

¡Qué dulce sensación fue volver a comer con ambas manos y saborear un guiso caliente! Te aseguro que se me hace difícil expresar con palabras una sensación tan placentera.

Mis padres y yo íbamos turnándonos, y Óliver cambiaba de brazos. Algo de lo que el bebé gozaba y yo también. De ese modo comencé a disfrutar los momentos de la comida compartidos con mi niño, mis padres y alimentos cocinados con todo el cariño.

CUARTA GRATA SENSACIÓN QUE SENTÍ RESUCITAR

Un último recuerdo que deseo compartir, aunque hay muchos otros en la memoria, fue la bonita sensación que me envolvió cuando mis padres me animaron a salir de casa para dar un paseo con ellos.

Quiero insistir en que seguramente estas sensaciones que describo como especiales, para el común de las personas representan algo natural, cotidiano y hasta superficial.

Pero no es así para mí.

Situaciones tan naturales habían estado vetadas para mí. Hablemos de dar un paseo: era algo que se me antojaba difícil, pues había convertido mi casa en mi encierro. Cada vez que intentaba dar un paseo con Óliver en su cochecito, mi mente se convertía en un turbión de pensamientos sombríos y recuerdos negativos.

Por eso no salía a pasear.

—Cariño, sal con nosotros —insistían—. Te vendrá muy bien. Es un día precioso.

—No me apetece —declinaba constantemente.

—Anda, anímate, te hará bien, además es bueno y necesario que le dé el sol a Óliver.

A fuerza de insistir, lograron que saliera con ellos a dar ese primer paseo

¿Cómo describir la sensación del sol dándome en la cara? Aquella temperatura tibia, la suave brisa y el día radiante.

Y lo más terapéutico: la conversación. Me hablaban y eso hacía que mi mente estuviera enfocada en el presente, y no en aquel pasado que siempre quería resurgir con sus sombras inquietantes.

Pasear acompañada fue una terapia para mi alma. Por primera vez, después de mucho tiempo, disfruté de una caminata bajo el sol radiante, de la compañía, de sus conversaciones. Esas salidas fueron convirtiéndose en una muy necesaria rutina.

Hoy, echando la vista atrás, soy consciente de que muchas tardes a ellos no les apetecía pasear, pero lo hacían para lograr sacarme de casa y regalarme compañía, convencidos de que eso me hacía bien.

Y así, paso a paso, y sensación a sensación, fui siendo cada vez más consciente de la importancia de cuidarme para poder cuidar al pequeño Óliver. Mi situación seguía siendo la misma, nada había cambiado, pero llevar la carga acompañada, sentirme rodeada de quienes me amaban y ser cuidada por ellos, hizo que todo fuera distinto.

Al inicio de este relato, y en las primeras páginas de esta historia, te dije que "la sanidad no se fraguó en dos minutos", pero te aseguro que esa sanidad comenzó a ser algo real y consistente, gracias a estar rodeada de los míos.

Ya lo viste, el personaje principal de este capítulo podría llamarse "pequeñas cosas", estímulos y elementos aparentemente triviales, pero que significaron avances enormes para mí. Dios me regaló estas nuevas "Primeras veces", porqué Él se ha especializado en reconstruir lo que está hecho añicos y en convertir un "punto y final" en un nuevo y extraordinario comienzo.

Lo más ordinario —alimento, descanso, ayuda con el pequeño para que yo comiera tranquila, y pequeños paseos— sí, lo más ordinario obró en mí una sanidad extraordinaria.

10

SEGUNDAS OPORTUNIDADES

Finalmente di el paso, corté de raíz aquella tóxica, turbulenta y destructiva relación sentimental y decidí instalarme con mi pequeño en casa de mis padres. Fue un periodo muy complicado y caótico del que, como os comentaba, tengo recuerdos muy poco nítidos y nada claros. Lo que sí recuerdo es que fui consciente de que, después de todo lo vivido y de cómo me sentía, necesitaba del cariño, atención y cuidado de los míos para ser capaz de cuidar de mi pequeño.

Esos primeros meses me hicieron comprender que en los últimos años no me había querido a mí misma lo suficiente, me faltó "amor propio", quererme a mí primero por encima de todas las cosas. No me malinterpretes, no se trata de egoísmo; en esas primeras semanas fui consciente de que si me hubiera querido lo más mínimo, no habría permitido muchas de las cosas que permití.

No me valoré lo suficiente como para decir a tiempo, "hasta aquí", no habría permitido tantas y tantas humillaciones que minaron mi autoestima y mi salud física y mental.

Llegados a ese punto, decidí volver a quererme, trabajar en mí, cuidarme y apreciarme, y no, no fue tarea fácil, ha sido una tarea de muchos meses y años; una tarea diaria en la que hay rachas mejores y momentos en los que he flaqueado. Al día de hoy, transcurridos muchos años, en ocasiones afloran fantasmas del pasado, por lo que es una lucha constante, pero he aprendido que debo quererme y darme el valor que merezco, para querer bien a los demás... ¡y para que otros me quieran! Si no ves lo valiosa que eres, es probable que te juntes con quien tampoco sepa verlo.

Toma nota: el AMOR PROPIO, es fundamental.

Recuerdo perfectamente esa mañana, en casa de mis padres, estaba tomándome el café cuando leo: "Se ha iniciado sesión en tu cuenta desde un dispositivo nuevo".

El aviso saltó en mi teléfono iluminando la pantalla. Era una notificación de Facebook.

—¿Qué pasa, cariño? —me dijo mi madre al notar mi gesto de sorpresa.

—Hay una notificación de Facebook que me avisa que alguien ha iniciado sesión en mi cuenta —y añadí—; me dicen que la ubicación desde la que se ha iniciado sesión no corresponde con la mía. ¡Qué extraño!

Intenté entrar en mi cuenta pero se había cerrado, por lo que tuve que ingresar introduciendo nuevamente mi correo electrónico y contraseña.

El aviso apareció en rojo: "Contraseña incorrecta". Empecé a ponerme nerviosa al ver que cada nuevo intento de entrar resultaba inútil. Lo hice más de diez intentos. Imposible, no me dejaba.

Mi madre observaba la escena.

—¿Sigue sin dejarte entrar? —preguntó.

—Sí —le dije—, pero da igual.

La verdad, lo dejé pasar, me daba igual perder mi cuenta, llevaba muchas semanas sin usar las redes sociales y había sobrevivido sin dificultad. Tenía otras muchas preocupaciones que reclamaban mi tiempo.

TOMA NOTA: EL AMOR PROPIO ES FUNDAMENTAL.

Transcurridas dos semanas recordé el incidente e hice un nuevo intento de recuperar mi cuenta. Fue entonces cuando comprobé que alguien había suplantado mi identidad; después de cruzar varios correos con el servicio técnico de Facebook, logré recuperarla.

Cuando introduje el código que ellos me mandaron y conseguí acceder, observé que en la campanita de inicio había varias notificaciones; junto a ellas figuraba una diferente, una que nunca antes había visto.

Se encontraba a la derecha de la pantalla, junto a los mensajes privados, pero el enunciado era diferente: "Solicitudes de mensajes"

Extrañada lo abrí, y entonces lo vi: "Pau Guzmán".

Mi corazón se aceleró... ¡Paula, mi mejor amiga de la infancia! ¿Recordáis? La persona que me quería y a la que dejé fuera de mi vida cuando fue honesta conmigo y me advirtió de la relación peligrosa en la que estaba entrando. Llevaba más de cinco años sin saber de ella, por lo que ella ignoraba totalmente los duros acontecimientos que yo había vivido, y por los que aún estaba pasando.

Los nervios hacían temblar mis manos. Con la tensión disparada comencé a leer.

¡Hola Miriam! (O Mimi, ya no sé si te llaman así, pero así es como yo te recuerdo desde el cariño). Hoy me ha tocado hacer una prueba de novia —te aclaro que ella trabaja maquillando y peinando a novias para el día de la boda— a una chica que vive a dos calles de la casa de tus padres, y cuando he pasado no pude dejar de recordar todos los momentos vividos juntas. Lo cierto es que no te escribo por ningún motivo en concreto.

Sé que ya eres mami, y como te digo, pasar por allí me hizo pensar mucho y recordar momentos muy bonitos. Solo

*quiero felicitarte por tu nuevo bebé y decirte que deseo que
todo te esté yendo muy bien. Que el nuevo integrante en la
familia te haga superfeliz.*

*Aunque ya no estemos cerca y nuestras vidas vayan por
caminos totalmente diferentes, espero que estés bien. Mi
corazón me empujó a escribirte, y supe que si no lo hacía, me
iba a arrepentir. Por favor, no tomes mi acercamiento como
un intento de remover momentos malos vividos; solo que me
he acordado de ti, y he recordado cosas con añoranza.*

Deseo que seas feliz y me alegro por tu niño. Un saludo.

Al terminar de leer el mensaje dos lágrimas rodaban por
mis mejillas.

No podía creer lo que estaba leyendo, ¡no solo no me guardaba rencor, sino que ella había dado el paso de escribirme!

Me había portado mal con ella, hice oídos sordos a todo lo
que me dijo años atrás, la traté de manera muy injusta y tomé
distancia de ella dejando de lado nuestra amistad, y ahora ella se
aproximaba de nuevo en ese escrito.

De repente reparé en un detalle: ese mensaje lo había enviado
un día después de que yo perdiera mi cuenta en Facebook y yo
llevaba varias semanas sin conectarme.

—¡Creerá que no he querido contestarle! —pensé de
repente.

De inmediato le respondí. Solo demoré el tiempo que me
llevó releer un par de veces su mensaje.

Sintiendo una mezcla de vergüenza y cargo de conciencia por mi actitud hacia ella comencé a escribir:

¡Hola Paula! No puedes imaginarte la ilusión que me ha hecho recibir tu mensaje.

¿Sabes?, me lo mandaste el día 16 y no lo he visto hasta hoy. Pero estoy segura de que fue porque Dios sabía que era hoy cuando necesitaba leerlo.

¡He tenido un peque, sí! ¡Y ese pequeñín es mi vida! No te imaginas lo feliz que me hace y cuánto se le puede llegar a querer, pero sinceramente estoy pasando por el peor momento de mi vida, y llevo varios días acordándome de ti, incluso soñando contigo.

Y pensaba en todo lo que te necesitaba en estos momentos. Te mando un beso grande, y por si quieres que hablemos, aquí te dejo mi número de teléfono.

Lo leí un par de veces y luego lo envié.

Cuando comenté lo ocurrido con mis padres se alegraron mucho por mí. Ellos no tenían claro lo que había ocurrido entre nosotras, pues nunca llegué a contarles aquel último episodio, pero verme feliz e ilusionada por el mensaje les alegró mucho.

Pocas horas después recibí un mensaje de *whatsapp* de ella:

Hola Miriam, soy Paula, me alegró mucho recibir tu respuesta. Estaba preocupada por si no recibías con agrado el mensaje, me daba miedo que pensaras que quería revolver historias pasadas.

Respondí de inmediato:

¡Para nada! Todo lo contrario; tu mensaje llegó en el momento exacto. Era justo lo que necesitaba. Gracias por no guardarme rencor.

¡Y de inmediato recibí una respuesta!:

Oye, ¿te apetecería que nos viéramos? —me sugirió ella—. Hay cosas que es mucho mejor hablarlas en persona, además, así puedo conocer al pequeño Óliver, he visto en fotos lo bonito que es y me haría mucha ilusión conocerle.

Así, de manera natural, acordamos nuestro reencuentro. Quedamos a la semana siguiente para merendar. Fue un día muy bonito y lleno de emociones. Debo reconocer que ese día sí se me antojaron unas tortitas. Cuando percibí lo mucho que me apetecían supe que era una buena señal. Mi apetito estaba regresando.

—¡Ay, qué preciosidad de niño! —dijo al conocer a Óliver.

Fue como si el tiempo no hubiera pasado. Hablamos y hablamos sin parar. Nos pusimos totalmente al día. A qué nos dedicábamos, dónde vivíamos...

Sentí lástima por todos los capítulos de su vida que me había perdido; por ejemplo, no estar en su boda, eso me entristeció.

—Bueno, ¿y tú? —dijo finalmente, mirándome con esa sonrisa que tanto me gustaba—. ¿Quieres contarme qué es lo que te ha ocurrido?

Reconozco que no me apetecía, pero supe que tenía que aceptar mi realidad, y era esa. No podía seguir ocultándome ni mintiendo a todo el mundo.

Le conté lo sucedido. Todo lo que viví y cómo lo había cargado yo sola; relaté las mentiras y los encubrimientos.

Yo esperaba un "te lo dije" o "te avisé y no me hiciste caso". Estaba preparada para escucharlo; después de todo, ella me dio la voz de alarma. Fue ella quien lo vio antes que nadie, me avisó y yo la rechacé. Sin embargo no soltó ni un solo reproche.

Simplemente me preguntó:

—¿Y tú, en qué punto estás? ¿Cómo te encuentras?

¡Qué injusta había sido con ella! ¡Qué mal me había portado! Y ella, después de todo, no me echaba nada en cara.

Agradecí enormemente su gesto y le pedí perdón por mi comportamiento y por cómo la traté.

—Eso es pasado, Miriam, hace mucho tiempo que te he perdonado.

¡Me sentí tan agradecida por el regalo que Dios me hizo al ponerla de nuevo en mi camino!

Tomó mi mano entre las suyas mientras decía:

—Aquí estoy, Miriam, esto lo superamos juntas.

Respecto al incidente en el perfil de Facebook, ¡suplantaron mi identidad! Te habrás preguntado quién lo hizo y por qué.

Te lo explico: fue mi pasado, queriendo irrumpir en mi presente para destruir de nuevo mi futuro.

> EN OCASIONES EL PASADO LLAMÓ A MI PUERTA CON LAS DOS MANOS, PERO YO HABÍA DECIDIDO ENTERRAR LOS MUERTOS DEL AYER PARA ABRAZAR UN MEJOR MAÑANA.

No fue ese el único intento, hubo otros. A decir verdad, en ocasiones el pasado llamó a mi puerta con las dos manos, pero yo había decidido enterrar los muertos del ayer para abrazar un mejor mañana.

11

LA COMIDA

Ese día, en cuanto abrí los ojos lo noté. Muy dentro de mí supe que la jornada prometía dosis gigantescas de melancolía. Estaba triste, apagada, no quería levantarme de la cama.

No me quedó más alternativa que salir de la cama y arrastrar mis pies para calentar el biberón de Óliver, pero en cuanto el microondas emitió el aviso de que el biberón estaba listo, volví a la cama. Óliver y yo nos arropamos, le di su comida y seguimos remoloneando bajo las mantas.

No tenía fuerzas; mi cuerpo se había quedado bloqueado en "modo ahorro de energía". No quería ni moverme, pero lo cierto era que tampoco podía. El simple hecho de ir a la cocina y dar los buenos días suponía un reto insuperable.

De pronto, aún bajo las sábanas, recordé un comentario que hizo mi madre el día anterior.

—Cariño, mañana vendrán unos amigos a comer. ¿Recuerdas a Joaquín y Marce?

¡Claro que los recordaba!, unas personas encantadoras, amigos de mis padres de toda la vida y que siempre se habían portado genial con ellos y con nosotras.

"¡Dios mío!", exclamé como si hubiera alguien conmigo. "Hoy vienen a comer, justo el día en que no quiero verme ni a mí".

Sentí que se removía mi interior mientras una presión muy fuerte oprimía mi pecho. Retornaba la ansiedad que me hacía casi imposible respirar.

Un montón de pensamientos negativos iniciaron un asedio insoportable, convocándose todos en mi mente: no sería capaz de enfrentar el día con mi familia, mi gente. ¿Cómo lograría mantener la compostura en una comida con personas con las que no tenía confianza?

Apenas iniciaba la jornada y yo anhelaba que fuera ya de noche. A las 12:30 llamó mi madre a la puerta de la habitación.

—Cariño, ¿estás bien? Hay que levantarse ya, que pronto llegarán los invitados.

—Mamá, me encuentro un poco mal —le dije—, prefiero quedarme aquí.

Ella entró y tomó asiento sobre el colchón. Se cercioró de que no me ocurriera nada serio.

—Te vendrá bien despejarte —comentó—.Tienes que comer y verás que hablando y viendo a personas, te despejarás y comenzarás a sentirte mejor.

Ella tenía razón, debía intentar hacer vida normal, pero me suponía un esfuerzo intolerable.

Aprovechando mi debilidad emocional, de nuevo se hizo presente. ¿Quién? Mi inseparable y fiel amiga: la culpa.

Mil argumentos, todos de tono acusatorio, flotaron en la superficie de mi conciencia: "Estoy en su casa, me están cuidando, ayudando y dándome todo sin pedir nada a cambio. ¿Cómo no voy a atender y recibir a sus invitados? Es lo menos que puedo hacer".

Eran sentimientos de autoinculpación que nacían de la idea de que yo estaba suponiendo una carga para mis padres, aunque jamás ellos insinuaran tal cosa; por el contrario, se mostraban felices de tenernos a Óliver y a mí con ellos.

Arrastré mi cuerpo y mi ánimo hasta el baño. Tomé una ducha, me hice un café, y apenas terminé de tomarlo, los invitados llegaron. Encantadores, superamables y sociables, como siempre lo han sido.

No soy capaz de explicarte el esfuerzo sobrehumano que para mí supuso dibujar una tímida sonrisa. Simplemente no era capaz de lograrlo. ¿Qué ocurría con los músculos de mi cara? ¿Es que no funcionaban? ¿Sufría una parálisis facial?

Tampoco encuentro las palabras para definir el sobreesfuerzo que tuve que hacer para no romper a llorar en el momento en que sus amigos me dieron un abrazo al recibirme. Recuerdo morderme la lengua hasta hacerme daño para evitar que las lágrimas brotaran de mis ojos.

Al retirarme del abrazo y mirarnos a los ojos, lo noté, noté en los ojos de los invitados la compasión, la pena, la lástima...

Lógicamente, me apreciaban y todo lo que a mí me estaba ocurriendo les dolía, pero yo ese día no estaba preparada para enfrentarme a esas miradas, sencillamente no me encontraba bien; no funcionaba mi cuerpo ni tampoco mi cabeza. Todo mi ser necesitaba dormir; solo quería tumbarme en la cama y no tener que hacer más esfuerzo que el de respirar, que ya de por sí me resultaba difícil.

Pero ya era tarde para eso. Una vez más asomó la culpa, en este caso sentí culpabilidad por no haber tenido el valor suficiente para decirle a mi madre, "mamá, no puedo bajar a comer".

Dedicamos unos minutos a charlar, o más bien estuvieron charlando, pues yo estaba de cuerpo presente, pero la verdadera Miriam luchaba por respirar de manera acompasada y no hiperventilando.

Nos sentamos a comer, y a mitad de la comida sentí mi garganta cerrarse. Fue como si las vías respiratorias colapsasen impidiendo que el aire llegase a mis pulmones. Junto al pánico me embargó un sentimiento de vergüenza insoportable. Llevaba varias semanas siendo el centro de atención de todos, sentía que la vida de toda mi familia se había detenido por culpa de las malas decisiones que yo había tomado anteriormente, y ahora, para un día en el que tenían visita, yo una vez más... ¿iba a fastidiarles ese encuentro montando un espectáculo?

"Maldita culpa, qué insufrible es. ¿Queda mucho para que desaparezcas?".

Lo inevitable hizo su aparición en el momento en que crucé mi mirada con la de mi hermana. En sus ojos vi reflejada la pregunta "¿estás bien?". Y rompí a llorar, no de cualquier manera, rompí a llorar de golpe y convulsivamente, como si un grifo se hubiera abierto y ya fuese imposible cerrarlo. Me levanté y corrí fuera de la sala en la que comíamos. Mi hermana vino detrás de mí, y entonces mi cuerpo se rindió; me abandonaron las escasas fuerzas que tenía.

No, ese día no debí hacer un esfuerzo extra. No estaba preparada para algo más que ir de la cama al baño y seguir respirando. Eso es lo que debería haber hecho. Debería haberme respetado.

Si algo pude aprender de este episodio es que la vida sigue, y una vez que pase el tiempo hay que retomar la normalidad y esforzarse por salir de la cama y ver a personas. Pero cuando todo está reciente, si te ves sumida en un momento de ansiedad, depresión o no te encuentras del todo bien, hay que escucharse a uno mismo, aprender que no siempre podrás complacer a los demás; no siempre te encontrarás con fuerzas o ánimo, y en ocasiones lo que te sanará es la tranquilidad y el descanso.

Por otro lado, si eres tú quien estás acompañando a alguien en el duro proceso, debes entender que habrá días en los que esa persona no se encuentre bien y carezca de fuerzas para enfrentarse a momentos así o para socializar con personas ajenas al círculo familiar.

Yo cometí un error bajando a comer ese día sin encontrarme bien, y eso sumó sentimientos negativos a los que ya traía conmigo en esa mañana; sentimientos que después se vieron aliviados ya que esos amigos son personas totalmente maduras y amables y entendieron perfectamente cómo me sentía y por qué reaccioné así.

Escúchate, cuídate y utiliza las escasas energías que puedas tener en recuperarte, ya habrá tiempo de hacer esfuerzos.

12

AMIGOS

Hoy desperté con la necesidad de hablar de ellos, de mis amigos. Siento una enorme gratitud por su ayuda. Fueron un salvavidas prodigioso; su compañía y su apoyo incondicional resultaron esenciales en mi proceso de recuperación.

Sé que fue algo orquestado por Dios. Durante estos meses Él puso en mi camino personas maravillosas. A muchas de esas personas no las conocía previamente, y eso me ayudó de manera inexplicable a marcar un antes y un después: un ciclo nuevo en mi vida en el que también hubo actores nuevos. Se estaba redactando un capítulo diferente en mi vida, al punto de que incluso decidí hacer un cambio estético en mí, que serviría para acentuar la idea de un antes y un después. Apliqué un ajuste a mi cabello largo y rizado, y pasé a una media melena totalmente lisa. Necesitaba verme diferente para sentirme distinta.

Este nuevo grupo de personas contribuyeron de forma determinante a la sensación de un nuevo tiempo, nuevo aire y nuevas ilusiones. Por supuesto que la llegada de nuevos amigos no afectó negativamente a mi relación con esas amigas del alma a las que ya he mencionado, en absoluto. Juntas formaron un equipo de salvamento que obró milagros de restauración en mi vida. Hoy puedo afirmar que todos ellos/as son ángeles que Dios puso en mi camino para ayudarme.

En el proceso de mi quebranto tuve algún episodio complicado que precisó acudir a los juzgados. Hubo varias ocasiones en las que ellas me acompañaron y estuvieron a mi lado brindando su apoyo en instantes tan sensibles y complicados.

Recuerdo una de esas ocasiones en las que Elena, Ana (así se llaman dos de mis nuevas amigas) y mi padre, me acompañaron. Llegamos con mucho tiempo de antelación a la sede judicial, por lo que en vez de pasar al edificio fuimos a un parque cercano y nos sentamos en un banco de madera que había bajo la copa de un gran árbol.

Recuerdo tan nítidamente el momento que puedo visualizar la camisa blanca que yo vestía.

—¡Qué buen día hace hoy! —comentó mi padre—.Cuando salgamos del juzgado podemos tomar un café en una de esas cafeterías que tienen terraza al sol.

—Sí, sería genial —respondió Elena.

De repente noté que algo leve se posaba sobre mi hombro... algo que de inmediato me hizo sentir un extraño calor. Observé que Elena tenía los ojos extremadamente abiertos:

—¡Miriam! —gritó mi nombre.

—¿Qué pasa? —pregunté un poco asustada.

Mientras preguntaba mis ojos se dirigieron a la zona de mi hombro en la que había notado el leve impacto y posteriormente el calor.

—¿Es... es...? —exclamé.

—¡Exacto! —dijo mi padre sin poder evitar reírse—. Una paloma ha decidido dejar un feo regalo sobre tu hombro.

Él, Ana y Elena no podían parar de reír.

Ya sabes lo que había ocurrido, ¿verdad? La paloma tuvo la necesidad de liberar una ingente cantidad de excremento, y decidió ir a vaciarse sobre mi inmaculada camisa blanca. Te recuerdo que el incidente tuvo lugar justo antes de que yo tuviera que acceder para una vista en los juzgados. Y como no había previsto que un incidente así pudiera darse, no llevaba ropa de cambio.

Conseguimos limpiarlo a base de agua y gel hidroalcohólico que llevaba en el bolso. Todo quedó en un episodio que provocó nuestra risa en un momento en que lo necesitaba desesperadamente.

No imaginas —o tal vez sí— lo bonito que es sentirse acompañada por los tuyos en un momento complicado y quitar toda la tensión riéndote y convirtiendo un pequeño "inconveniente" en una ocasión para reír y oxigenar la mente.

Otra de las cosas que más aprecio de estos amigos es que tuvieron la capacidad de hacerse piña junto a mí en los malos momentos, abrazarme, darme la mano y lograr que sintiera todo su apoyo cuando más lo necesitaba. Pero lograban combinar eso con tiempos de normalidad y naturalidad. Te explico: cuando salíamos, nos íbamos de viaje o venían a verme a casa, mi vida volvía a ser normal, porque nos desconectábamos de los asuntos críticos y no hablaban ni me preguntaban sobre el tema en concreto. Eso a mí me daba la vida, me hacía borrar el pasado y tener una vida normal, fuera de los problemas y preocupaciones.

Quiero destacar otra cualidad de amigos y familia que me resultó terapéutica: tenían la capacidad de sacar un lado divertido y chistoso de todos los momentos complicados que vivía. Si tuve un día duro, había ocurrido algo malo o vivíamos algún episodio más complicado de lo normal, terminábamos el día cenando todos juntos y durante la cena alguno de los amigos, y especialmente mi padre o mi hermana conseguían convertir lo ocurrido en algún episodio chistoso y divertido. Transformaban lo negativo en motivo de risa.

Tal vez suena extraño al leerlo. No significa que trivializáramos las cuestiones serias, sino que buscábamos el rayo de luz en el cielo oscuro e intentábamos condimentar con una pizca de humor los platos amargos que nos ofrecía la vida. Eso a mí me regeneraba, me hacía sonreír y me aplicaba una inyección de dopamina.

Al día de hoy, y gracias a eso, cuando alguien trae a mi memoria los difíciles momentos que viví, es interesante notar que los momentos grises se han borrado. Mi mente se ha vuelto selectiva, y en un instinto natural de supervivencia ha bloqueado esos recuerdos, pero de lo que me acuerdo perfectamente y provoca en mí una sonrisa, es de los chistes y anécdotas que viví con mis amigos y familia.

¿Qué pretendo transmitirte con esto? Intento hacerte ver que aunque mis problemas seguían estando ahí, aferrarme a mis amigos, sentirme rodeada por ellos y reírnos juntos, aun de las situaciones difíciles, fue algo que alivió mi carga, Como te mencioné, mi mente ha bloqueado los malos momentos y los ha borrado en un instinto de supervivencia, ¡pero qué lindo es recordar los nuevos buenos momentos!

Echando la vista atrás, recuerdo solo las cosas buenas de aquellos episodios

Si pasaste momentos de cruda adversidad, en cuanto recuperes algo de energía, utilízala para hacer viajes, salir a cenar y rodearte de amigos, pero haced pacto de no hablar del tema espinoso. Todo no puede girar en torno a lo que te ocurre, necesitas seguir tu vida con normalidad.

> **AFERRARME A MIS AMIGOS, SENTIRME RODEADA POR ELLOS Y REÍRNOS JUNTOS, AUN DE LAS SITUACIONES DIFÍCILES, FUE ALGO QUE ALIVIÓ MI CARGA.**

Quiero hablarte de un segundo regalo que Dios me hizo. El primero, como ya te he mencionado, fue recuperar mi amistad con Paula, pero un par de meses más tarde, permitió que me reuniera con el que fue mi grupo de mis amigas de la infancia, del que ella era parte.

Un día, estando en el jardín de casa con mis padres, vi que mi teléfono notificaba la llegada de un mensaje privado en Facebook, pero en este caso era grupal, Paula, Sarita y Mapi.

Sarita y Mapi, junto con Paula, fueron mis grandes amigas en la infancia. Éramos un grupo indisoluble, sobre todo en nuestra adolescencia; las tardes de viernes eran tiempos sagrados que compartíamos las cuatro, yendo de compras, tomando un café en Starbucks y haciéndonos mil fotos.

A todas las perdí, porque las dejé fuera en el naufragio de mi vida. No daba ahora crédito a lo que veía, por el mismo cauce en que recuperé a Paula, ahora Mapi nos escribía unificando de nuevo al grupo.

Hola chicas, es oficial, ya estoy en Madrid. Me haría muchísima ilusión veros pronto. Cuando tengáis un espacio, ¿nos vemos para un café y nos ponemos al día?

Un abrazo grandísimo.

—¿Qué estás leyendo, que te hace sonreír tanto, Miriam? —preguntó de repente mi madre.

—Es un mensaje que nos ha mandado Mapi. Ha vuelto a Madrid y quiere que nos veamos —respondí con alegría.

—¡Qué bonito poder reencontraros, Miriam! —dijo ella muy contenta—. ¡Tantos años han pasado, y teníais una amistad preciosa!

—Sí, mamá —respondí—. Dios me está regalando cosas que jamás habría imaginado.

Enseguida creamos las cuatro un grupo de WhatsApp para hablar y cerrar ese reencuentro. Acordamos que nos veríamos en la siguiente semana.

Llegado el día estábamos todas juntas dándonos un abrazo de reencuentro que nos supo a gloria, lo mismo que el café que tomamos a continuación, como tantas veces hicimos en el pasado, pero ahora un poco más crecidas y todas con alguna que otra cicatriz en el alma, pero juntas y apoyándonos, como siempre lo habíamos hecho.

Qué bonito fue aquel reencuentro gracias al cual seguimos hoy en contacto, y ellas siguen siendo un apoyo esencial. La alegría de una es la alegría de todas, al igual que la preocupación de una es la de todas. Ese grupo de WhatsApp que creamos para reencontrarnos sigue activo y todas las semanas me da motivos para sonreír.

Esa experiencia me ha hecho reflexionar mucho sobre la amistad, y extraje algunas conclusiones que quiero compartir contigo: hay diferentes tipos de amigos y hay amigos que están en diferentes etapas de nuestra vida. Tuve amigos que se quedaron por el camino, amigos que volvieron después de años y, por último, conocí nuevas amistades que me ayudaron mucho; pero todos, sin excepción, son valiosos para mí al día de hoy.

Hay amigos que llegan para quedarse, se instalan en tu corazón y ya nunca lo abandonan, a esa categoría pertenecen, por ejemplo, Irene y Paula.

Paula me enseñó el valor del perdón genuino y sincero, y de Irene aprendí que hay amigos que pase el tiempo que pase sin vernos, siempre estarán ahí. Aunque el ritmo de la rutina impida que nos veamos, sabemos que basta una llamada para dejar todo e ir a ayudar a la otra persona. Hay momentos en los que tu amiga te necesita, y hay que dejarlo todo para estar ahí, a su lado.

Del resto de mis amigos, recuerdo que me aportaron tranquilidad y serenidad; recibía con mucho agrado sus mensajes, que siempre comenzaban de la misma manera: "Miriam no te escribo para preguntarte como estás, ni con intención de que me cuentes cómo te sientes, solamente te escribo para que sepas que estoy aquí y que cuando te sientas bien, me contestes".

Recibir esos mensajes que no aplicaban ningún tipo de presión, suponían un alivio enorme.

Por otro lado, cuando me escribían proponiendo quedar y vernos, me preguntaban si me veía con ánimo de salir fuera, o prefería que ellos vinieran a casa a verme. Es decir, me invitaban a medir mis fuerzas y prometían adaptarse a ellas. Eran comprensivos, respetaban mis tiempos, y eso me aliviaba mucho.

Ojalá no tuviera que escribir lo siguiente, pero debo hacerlo: en esta etapa de mi vida también perdí amigos. Debo ser totalmente honesta, y ya en páginas pasadas lo fui. Hoy soy consciente de que en esos meses no cuidé ni mantuve esa relación y esa amistad, y no pasa nada, en la ciénaga pavorosa en la que estuve tenía bastante con cuidarme a mí y sobrevivir, y se pudo dar la situación de que alguno de ellos me necesitara y yo no estuve cerca, y hasta los decepcioné. Lo lamento de verdad, pero insisto en que hay momentos en la vida en que uno tiene las fuerzas justas para cuidar de sí mismo, y debemos aceptarlo, asumirlo y no culparnos, porque la culpa mata.

Hay amistades que duraron un tiempo, estuvieron a mi lado en una etapa de mi vida y fue una amistad muy bonita que recuerdo con muchísimo cariño, en aquel momento significaron mucho para mí y forjamos una bonita amistad. En definitiva, hay amistades hermosas que tienen fecha de caducidad: cubren una etapa y desaparecen para ceder su espacio a otros amigos que aparecen en tu vida en una nueva etapa de tu vida, como me ocurrió a mí.

De repente los conocí en un momento difícil de mi vida, y me ayudaron más de lo que ellos puedan imaginarse y desde entonces están junto a mí.

Lo que estoy intentando trasladarte es que a lo largo de ese tortuoso camino la amistad tuvo un papel esencial.

Hubo amigos que no supieron cómo tratar conmigo después de todo, muchos por ignorar la realidad que yo vivía, otros por no molestar, y otros, simplemente por no querer meterse o no entender mi decisión se mantuvieron al margen. Lo escribo sin el más mínimo atisbo de juicio o resentimiento, la posición que adoptaron es respetable. ¿Quién nos enseña cómo tratar con una persona que está rota? Nadie.

Me siento afortunada por las amistades que tuve, tengo y tendré.

Y me permito, con cariño y el máximo respeto, sugerirte algo: cuida la amistad, rodéate de gente buena, bonita, que te aporte y sume. Serán alas que te alzarán sobre la tempestad, empujándote a cielos azules de libertad.

13

RECUPERACIÓN

El tiempo avanzaba y obraba su función terapéutica. Día a día —o sería más acertado decir "semana a semana", pues los avances no eran perceptibles a diario— iba siendo consciente de lo mucho que tenía. Era cierto que en la debacle sufrí grandes pérdidas, pero conservaba cosas esenciales y realmente valiosas. Rodeada de mi familia, de todos los amigos que Dios había puesto a mí alrededor, y con Óliver a mi lado, empecé a tener conciencia de que estaba comenzando mi proceso de recuperación.

El avance fue muy lento y el camino a recorrer muy largo; debo admitir que la salida del abismo era toda cuesta arriba, resultó agotadora y estuvo llena de altibajos. En realidad era un camino de los que llaman "pico de sierra". Hubo días en los que estaba mejor y otros en los que a duras penas lograba levantarme de la cama, porque amanecía definitivamente gris. Esos días debía hacer la firme resolución de respetar mi estado de ánimo, admitiendo que así discurriría esa jornada.

No fue sencillo aceptar que mis emociones eran como un terreno afectado por un seísmo, un gran terremoto que sufriría miles de réplicas. Recuerdo llegar a la cama, al final el día, y quedarme dormida sintiendo temor y pensando: ¿Cómo me levantaré mañana?

Pero no quiero aburrirte con todo este proceso, ya que desde mi humilde experiencia creo que entrar en excesivos detalles sobre lo vivido no te aportará mucho. Seguramente será más didáctico que te comente determinados elementos y actitudes que fueron de gran utilidad en mi reconstrucción.

> **NO FUE SENCILLO ACEPTAR QUE MIS EMOCIONES ERAN COMO UN TERRENO AFECTADO POR UN SEÍSMO, UN GRAN TERREMOTO QUE SUFRIRÍA MILES DE RÉPLICAS.**

Tal vez tengas interés en conocer cuánto tiempo duró ese proceso. Sin atreverme a establecer una duración exacta, puedo decirte que no menos de tres años.

Durante el discurrir de los meses fueron muchas las personas que se acercaron a mí con la misma pregunta: "¿Qué puedo hacer para ayudarte? Dime, ¿qué necesitas?".

Cuando alguien se siente envuelta en total oscuridad, lo único que necesita es luz, pero resulta imposible poner nombres concretos a esas lámparas que disiparán las sombras. Vaya, te lo diré en lenguaje menos poético pero más entendible: no tenía ni idea de qué necesitaba; no lograba saber qué me vendría bien o qué cosa me ayudaría. Así que mi respuesta sincera era: "No lo sé, pero estás a mi lado y eso ya es una gran ayuda".

Y era totalmente cierto; por supuesto que eso era de ayuda, de muchísima ayuda. Necesitaba saberme acompañada. Lo necesitaba mucho.

Ahora, años después y con la perspectiva que el tiempo confiere a las cosas y a las vivencias, una vez que puedo declararme "sana", soy consciente de que habían determinadas cosas, cuestiones y actitudes que eran de gran ayuda.

¿CÓMO PUEDES AYUDAR AL QUE SUFRE?

1. **Lo primero, y creo que es importante recalcarlo, si el sufriente es un ser querido y cercano, debes asumir que no es culpa tuya lo que está viviendo.** Detectarás en esa persona actitudes muy frías hacia ti, incluso distantes. Debes saber que **no es algo personal hacia ti; esas actitudes no son provocadas por tu culpa.** Cuando una persona "se ha roto", no hay nada personal contigo, simplemente ocurre que está sufriendo, lo está pasando muy mal, y por ese motivo adopta actitudes incómodas, incluso hirientes. Tú no hiciste nada, por lo tanto, no te sientas culpable.

2. **Asegúrate de no agobiarlo.** Pon atención para que tu presencia en ese tiempo no le genere más agobio o presión. Es posible que el sufriente precise espacio, dosis justas de soledad y cierta independencia, pero debes saber que esa persona no sabrá bien cómo decírtelo. Adelántate brindándole su necesaria dosis de intimidad.

   Te preguntarás: ¿por qué no puede decirme si le estoy agobiando? La respuesta es muy sencilla, la culpa. Sentirá que decirte algo que no te agrade te hará más daño del que ya siente que te está produciendo. Quien sufre se siente culpable de que sus familiares y círculo cercano también están sufriendo por su culpa, y nunca te dirán si alguna actitud tuya les agobia o no les está siendo de ayuda.

3. **La persona que acompaña a alguien que se ha roto tendrá que grabarse a fuego una premisa: "respeta los tiempos de la otra persona".** Él o ella se rompieron por completo y les tomará mucho tiempo recuperarse. Es posible que pienses: "yo lo veo ya bien, se le nota recuperado". Deseas con todas tus fuerzas que en cuatro o cinco meses, tras lo ocurrido, esa persona esté completamente rehecha. No es así, aunque la apariencia pueda llevarte a pensar que la restauración está completa, hay muchos aspectos interiores que toman años para recuperarse. Aunque externamente veas a la persona bien, más animada, que recuperó su sonrisa... las heridas internas tardan en sanar, periódicamente retornan los fantasmas. En mi caso han transcurrido

casi diez años, pero en ocasiones hay días en los que me levanto un poquito gris, más apagada de lo normal, y cuando recuerdo como estuve, me sigue apretando un poquito el pecho y me cuesta respirar.

Esto no quiere decir que la persona que sufrió la quiebra tenga siempre en su pensamiento lo que ocurrió. Pero cuando vives algo así, no lo olvidas nunca.

Ten en cuenta el tiempo. Respeta sus tiempos.

4.   **Humor. Necesita reír y disfrutar. Necesita tomarse la vida con humor.**

Una de las cosas que a mí más me ayudaron fue reírme, incluso de mí misma, de mi situación y de la vida. Reírse de lo que ocurre ayuda a sanar, es medicina.

Ver que mi propia familia muchas veces hacía chistes de lo ocurrido me aliviaba enormemente y disipaba el sentimiento de culpabilidad.

Eso sí, es importante que sepas si el momento es el adecuado. Debe haber transcurrido un tiempo prudencial para hacerlo, y asegurarse de que la otra persona está receptiva a ello.

5.   **Valida las emociones de la otra persona:** Recuerdo un momento muy duro en mi recuperación. Ocurrió el primer día en que volví al trabajo después de lo ocurrido.

Este hecho sucedió durante el tiempo de la comida. Soy docente en una escuela, y cuando todas las maestras nos juntamos en la sala de profesores para almorzar, algunas compañeras comenzaron a preguntarme cómo me sentía y qué tal estaba. En el transcurso de la conversación pronunciaron dos frases que fueron como puñales hincados en mi alma.

Antes de continuar debo aclarar que ellas hablaron con toda su buena intención y con el deseo de ayudarme y hacerme sentir mejor, pero me dolieron en lo más profundo del corazón.

Estas frases fueron:

"Anímate, piensa que no ha sido para tanto".

"Podría haber sido peor, Óliver es un bebé y no va a recordar nada de esto".

En mi cabeza se repetía como un eco: "No es para tanto"; "Podría haber sido peor".

Entonces todo mi dolor, todo lo que estoy pasando, ¿no es para tanto? ¿Tengo que "alegrarme" y "consolarme" porque podría haber sido peor?

En ese momento me sentí fatal. Lejos de animarme, esas palabras invalidaron por completo mis sentimientos y me hicieron sentir mal, muy mal.

Si no sabes qué decir, el silencio es la mejor alternativa. Simplemente quédate al lado de esa persona, eso es más que suficiente.

Hay palabras que pueden sanar, pero también hay palabras que logran hundirte.

Y SI QUIEN SE ROMPIÓ SOY YO, ¿QUÉ NECESITO?

Ya te comenté que la recuperación fue un proceso lento y largo; y sí, ahora estoy recuperada, sanada de lo ocurrido y me alegra enormemente saber que detrás de todo lo que viví he aprendido mucho y soy una persona diferente .

Ahora, por nada del mundo querría volver atrás; todo pasó y de ello he aprendido. Hoy puedo decir con sano orgullo que me encanta la persona que soy, me encanta ver en lo que me he transformado. Me siento más humana y mucho más empática; logro asumir y comprender cómo puede sentirse alguien que está sufriendo. Y lo más importante de todo: *sé que otros pueden aprender de mi pasado.*

Pero todo ello no evita que al día de hoy me haya vuelto un poco más sensible. Hay ocasiones y días en los que me puedo sentir más frágil, y he aprendido que debo estar más alerta.

¿Está permitido sentirme triste? Por supuesto. No soy de hierro, simplemente soy humana y tengo mis días tristes. Deseo compartir contigo algunas claves que son de mucha ayuda para mí, y que pueden ser también de mucha ayuda para ti.

1. Autocuidado

No debo permitirme, y yo misma **no me autorizo que esa tristeza se instale en mí.**

En múltiples ocasiones soy consciente del motivo que provoca la tristeza y tengo dos opciones:

✓ La primera, si el motivo de mi tristeza tiene solución, la busco y me pongo manos a la obra con ello.

✓ La segunda, si no tiene solución, lloro, saco la tristeza e inmediatamente después hago algo que me guste, que me despeje y que genere ese sentimiento contrario a la tristeza en mí.

Hay otros días, y esos son más complicados, en los que no identifico el origen y motivo de mi tristeza. Entonces me entra el miedo de que esa tristeza se instale en mí. Lo que hago en esos casos es recordar que antes de romperme, también hubo días en los que estaba triste, y no pasaba nada, ¿verdad? La tristeza es una emoción como cualquier otra, no hay que darle mayor trascendencia.

Y claro que le pongo remedio: construyo muros a mi alrededor para intentar alejar esa tristeza y echo el freno de mano autorizándome a bajar el ritmo. Aquellas tareas que no son urgentes las aparco para cuando me sienta mejor, si tengo que decir "no" a algún compromiso o responsabilidad, lo hago.

En definitiva, me cuido, me permito descansar, tomarme algún que otro dulce y salgo a caminar, al gimnasio o al cine.

Autocuidado es la clave para ganar la batalla a la tristeza, este es mi primer consejo, y aquí va el segundo:

2. Perdónate

El dolor y la culpa son cargas muy pesadas. Necesitas perdonarte, ya que si no te perdonas, el dolor y la culpa se instalarán en ti hasta que esa carga sea tan pesada que te dejará inmóvil y no podrás seguir avanzando.

A lo largo de nuestra vida todos fallamos, todos sin excepción.

¿Ya cometiste el error? ¿Te has permitido algo de dolor y culpa? Pues el siguiente paso es aprender de ello; saca aprendizajes y mejora, conviértete en una mejor persona: una persona sana, aunque con cicatrices, pero cada una de esas cicatrices te hace una versión mejorada de lo que antes eras.

El único error absoluto es aquel del que no aprendemos.

> **AUTOCUIDADO ES LA CLAVE PARA GANAR LA BATALLA A LA TRISTEZA.**

3. Encuentra un motivo por el cual reconstruirte

Resignarte a estar mal es mucho más fácil que esforzarte y pelear por estar bien, por eso te será de mucha ayuda fijarte un propósito y encontrar una razón para seguir avanzando.

En mi caso, yo sé que mi acicate y razón principal para reconstruirme fue Óliver. Él fue mi salvavidas y motivación para seguir adelante. Pero me ayudó mucho fijarme un objetivo. Hubo algo que en mi pasado dejé aparcado y que siempre deseé cumplir, pero no lo lograba porque siempre prioricé otros intereses a los míos. Estoy refiriéndome a sacar mi carrera universitaria.

Ahora convertí eso en mi objetivo. Decidir alcanzarlo me ayudó, me marcó una meta y un motivo por el cual avanzar. Además eso mantenía mi cabeza ocupada y evitaba que se instalaran en ella pensamientos negativos.

4. Acepta lo que has vivido

Cuando te sientas con fuerzas y estés comenzando a sanar, normaliza lo que has vivido, habla de ello abiertamente, es tu vida, es tu proceso y todo ello eres tú. Eres la persona que eres gracias al proceso que viviste. Aceptar y normalizar lo vivido te ayudará a sacar un aprendizaje de ello, y esas lecciones aprendidas serán un enorme valor para ayudar a los demás.

Ocultarlo y hacer como si no hubiera ocurrido, generará una carga enorme en ti. Los secretos pesan mucho, en cambio, la carga compartida pesa la mitad.

Todo esto es un aperitivo de lo que en las últimas páginas de este libro quiero mostrarte como guía para cuidar y cuidarte.

Y ahora que conoces algunas de las "herramientas" que utilicé y me ayudaron en mi recuperación, te pido que me acompañes a un fragmento más de la historia de mi vida pero, recuerda, han pasado tres años y vas a encontrarte con una Miriam nueva, recuperada, transformada y que aún no era consciente de cómo iba a cambiar su vida desde ese momento.

Espera... espera... estoy pensando que un episodio tan importante como el que viene a continuación será mejor que lo relate Querit, mi hermana, ya que ella lo vivió con especial ilusión. Relájate para participar de estas líneas, que vienen momentos muy especiales.

14

HOY ES EL DÍA

Ese día amanecí con una dosis de ilusión superior a la habitual. Y te preguntarás si hubo algún motivo que me hiciera despertar tan ilusionada.

Pues sí, lo había. Ese sábado luminoso y soleado era el día en el que... ¡mi hermana iba a presentarnos al chico con el que, después de su gran debacle y posterior reconstrucción, estaba comenzando a salir!

¡Mi hermana, Miriam, sí! Esa chica que quedó tan rota y decepcionada, que había dedicado los últimos cuatro años a gritar a los cuatro vientos que el amor no existía.

Pero... tal vez me he precipitado al hacer ese anuncio. Ven, acompáñame, vamos a retroceder un poco para que conozcas cómo ocurrió todo.

Un domingo vino un grupo de chicos a la iglesia a la que acudimos; eran amigos de una muchacha que se reúne de forma habitual en nuestra capilla.

Así que cuando llegué y vi a ese grupo de visitantes, corrí a buscar a Miriam.

—Miriam —le dije muy emocionada—. ¿Has visto que agradables son todos esos chicos?

—Sí —me dijo, con una mezcla de indiferencia y sequedad—, ya me los han presentado.

—Son de tu edad, ¿verdad? —insistí, dejándole ver que deseaba que los conociera un poco más.

—Si, Querit; pero sé por dónde vas y no —por si me quedaba alguna duda, lo repitió—, no tengo ganas de andar conociendo a nadie.

Admito que me desilusioné. Ya habían pasado casi cuatro años y todo lo que mi hermana pronunciaba acerca del género masculino eran negativas rotundas.

No me interpretes mal, me alegraba enormemente haber recuperado a mi hermana. Más que haberla recuperado, me encantaba la nueva versión en la que se había convertido, porque no, no era la de antes, era mejor. Por fin había regresado el brillo a sus ojos negros, esa chispa tan bonita que por años se había desvanecido, y también retornó esa sonrisa que tanto la caracterizaba. Las espantosas ojeras negras habían dejado de enmarcar su mirada.

Mi hermana había cambiado mucho, se volvió extraordinariamente responsable; logró sacarse la carrera de Magisterio Infantil en tiempo récord, estaba muy centrada con su trabajo y hecha toda una madraza. También era una persona mucho más sensible que antes. Sí, era una versión renovada y mejorada. ¡Miriam 2.0!

Pero alguna reminiscencia de la gran debacle permanecía fijada a ella de manera indeleble: a pesar de transcurridos casi cuatro años, seguía firme en su idea de que "el amor no existe". Estaba totalmente cerrada a la posibilidad de una nueva relación. Todo lo relacionado al género masculino le erizaba la piel y le provocaba sarpullido. Esa cerrazón me atemorizaba; me dolía que lo vivido le hiciera poner mil candados en su corazón y perdiera el privilegio de conocer lo que es el genuino amor, y me refiero al de verdad, al amor puro que da sin aguardar contrapartidas.

Semanas más tarde, Miriam vino a visitarnos a casa, y mientras merendábamos me contó:

—Querit, el otro día quedé con "estos" —así llamaba Miriam al grupo de amigos que visitó nuestra iglesia— y pude hablar bastante con uno de ellos, se llama Omar y me parece muy agradable y simpático.

—¿En serio? —no daba crédito a lo que escuchaba, hasta comencé a ponerme nerviosa. Puede que lo que dijo mi hermana te parezca trivial, pero te aseguro que no lo fue.

> **ME DOLÍA QUE LO VIVIDO LE HICIERA PONER MIL CANDADOS EN SU CORAZÓN Y PERDIERA EL PRIVILEGIO DE CONOCER LO QUE ES EL GENUINO AMOR.**

—Sí —me dijo—. ¿Sabes que es de Vallecas? —Vallecas es un barrio de Madrid, donde mi hermana y yo vivimos toda nuestra niñez. Miriam siguió añadiendo detalles—: Estuvimos hablando mucho de nuestro barrio, de dónde vivimos, los institutos, ¡qué casualidad!

Todo eso lo comentaba con bastante alegría, y no me pasó desapercibido cierto brillo particular en su mirada.

—Es decir, que tenéis muchas cosas en común. ¿Qué más me cuentas? —quise indagar y que viera la buena impresión que me causaba ese tal Omar.

—Sí, pero pasé un poco de vergüenza —dijo—, en un momento dado íbamos paseando y charlando y Óliver me dio la manita, pero también agarró la mano de él, y seguimos caminando los dos, con Óliver en medio. Me quería morir de la vergüenza.

—Pero Miriam, ¡si eso es precioso! —le dije.

—Ya, Querit, pero temo que pueda pensar cosas que no son... ¡que yo no quiero nada con él, y estoy encantada yo sola con Óliver! Lo último que ahora deseo es complicarme la vida.

Vaya, ese último comentario me dejó decepcionada totalmente. Mi hermana no tenía ningún interés en él, y yo había comenzado a hacerme ilusiones.

Pasó el tiempo y no volví a ver ni a saber de ese chico, aunque tenía ganas de conocerlo. Quizá si viera la hermana tan simpática que tiene Miriam, y yo me hiciera amiga de él, podía provocar algún acercamiento con mi hermana. Pero su círculo social estaba lejos y los domingos se congregaba en otra iglesia.

Supe, sin embargo, que mi hermana seguía hablando de él, ya que se veían con sus amigos cuando quedaban. Yo hacía una ardua labor detectivesca, pero por lo visto Miriam no tenía el mínimo interés de llegar a algo más que una relación de amigos.

Transcurridos unos meses, un día la noté algo más triste de lo habitual. Me preocupé un poco, y entonces la pregunté.

—Miriam, te noto algo decaída hoy, ¿estás preocupada por algo?

Me miró, suspiró, y entonces sin pensárselo dos veces, me lo soltó:

—Querit, me da pánico comenzar a querer a alguien de nuevo —me dijo.

Yo iba a intervenir, pero no me dejó pronunciar ni una palabra ya que siguió hablando.

—Creo que jamás seré capaz de confiar de nuevo en alguien. Nunca estaré tranquila ni segura, siempre tendré un runrún en la cabeza, y eso me impedirá tener confianza en ningún hombre nunca más.

—Miriam... —quise frenarla, pero de nuevo me resultó imposible.

—Y es que... ¿sabes?, él es un chico muy bueno y no se lo merece, no se merece que yo lo trate así.

—¿Él? —inquirí—. ¿Has dicho él?

Mis ojos casi se salen de sus órbitas de tanto que los abrí.

—Sí... —agachó tímidamente la cabeza.

—¿Te refieres a Omar? —quise saber—. ¿El chico que me contaste? ¿Habéis seguido hablando?

—Sí, somos muy amigos, y creo... —dudó un instante, pero finalmente lo dijo—creo que se está convirtiendo en algo más, y conforme vamos teniendo más relación, me surgen más miedos, Querit, y se me está haciendo muy difícil.

—Es normal, Miriam —le dije—. Es totalmente normal. Vas a tener que sincerarte con él, contarle tus miedos, lo que viviste, y él seguramente tendrá que tener mucha paciencia contigo.

—Le he ido contando y sabe muchas cosas, mi miedo es no poder llegar a confiar plenamente en él.

—Miriam, si él es la persona destinada para ti, sabrá cómo tratarte y no tendrá que convencerte de que confíes en él. Sus actos, y él mismo como persona, te aportarán esa confianza que necesitas. Sabrá respetar tus tiempos, y poco a poco, de manera natural, volverás a aprender a amarlo.

Y así ocurrió, siguieron hablando, forjaron una amistad preciosa, y esa amistad fue convirtiéndose progresivamente en algo más. Y aquí estamos, en este sábado radiante, cuando han transcurrido seis meses de esa conversación que acabo de referirte. ¡Hoy, por fin, vamos a conocerlo! Hoy comemos todos juntos.

Y yo... ¡yo no puedo estar más nerviosa y más feliz por mi hermana!

Estoy deseando conocerlo. Si ha conseguido devolverle la ilusión a Miriam, y lo más importante, si ha conseguido demostrarle a mi hermana lo que es el amor, tiene que ser una bellísima persona.

15

CONOCIÉNDOLE

Desperté muy temprano. Por los resquicios de la persiana se filtraban los primeros rayos de sol. Junto a mí, Óliver seguía durmiendo.

¡Qué delicia! Óliver había experimentado una transformación radical en lo relativo al sueño, ya hacía mucho tiempo, en concreto desde que cumplió su primer año de vida, había comenzado a dormir de maravilla, y había noches en las que dormía casi diez horas seguidas. ¡Mi pequeñín era un ángel!

Cuando miré la pantalla del teléfono para ver la hora, lo vi: era un mensaje de él; su nombre, Omar, estaba junto a un corazón. Así lo tenía guardado en mis contactos.

134 *Reconstruida*

Una sonrisa se dibujó en mi rostro cuando recordé que hoy era el día: hoy presentaría a mis padres y a mi hermana la persona a la que estaba empezando a conocer; o más bien, ya la conocía, pero tenía unas ganas locas de conocerla más.

Ellos llevaban ya varias semanas insistiéndome en que deseaban conocerlo, pero a mí me parecía muy pronto. Por un lado, quería asegurarme de que la relación fluía e iba en serio; quería conocerlo bien antes de implicar a la familia. Por otro lado, debo reconocer que me daba miedo asustar a Omar. "No quiero que piense que estoy corriendo mucho, ni que crea que estoy ansiosa por formalizar nuestra relación". Por eso quise alargar y postergar el tiempo de esa "comida oficial".

Pero mis padres necesitaban conocerlo ya. Yo sabía que ellos querían asegurarse de qué tipo de persona era, hablar con él y ver si era alguien responsable y bueno. Y yo lo entendía perfectamente, por eso no les hice esperar más.

—Omar —le dije una tarde mientras paseábamos por uno de nuestros parques preferidos, en Vallecas, por cierto, donde él vivía y donde yo pasé toda mi infancia—. No quiero asustarte pero... mis padres quieren conocerte, y más que querer, ellos necesitan conocerte.

—¿En serio? —me dijo un poco sorprendido, y yo asentí tímidamente—. ¿Y tú, qué piensas? —quiso saber—. ¿Quieres que los conozca?

—Bueno, son seis meses lo que llevamos "oficialmente" aunque nos conocemos de antes, pero creo —titubeé un instante, pero lo dije—, creo que necesitan conocerte para quedarse más tranquilos.

—Pues entonces, adelante, el día que ellos quieran.

Y ellos, ¿para qué iban a alargarlo más?, decidieron que nos conociéramos el fin de semana siguiente.

Por supuesto que yo estaba algo nerviosa. Desde el mismo día en que Omar me dijo que sí, ya lo estaba; sin embargo, él aparentaba una tranquilidad asombrosa. Eso me encanta de él, es una persona tranquila, serena, calmada. Y yo... yo soy nervio puro y no puedo estar tranquila ni un segundo.

Debo reconocer que me atemorizaba un poco el encuentro. Quería que Omar les gustara, que les causara buena impresión y les cayese bien; que vieran en él lo que yo vi: lo buena persona que era, cómo me trataba, cómo trata a Óliver...

¿pero es posible ver todo eso en el espacio de una comida?

Nos arreglamos todos y allí nos encontramos: alrededor de una mesa en mi restaurante favorito.

No, ese día no tenía hambre... pero tranquilos, todo era fruto de los nervios del momento. Mi apetito había vuelto mucho tiempo atrás, y en ocasiones era un hambre voraz.

—¡Qué mirada de bueno tiene, Miriam! —dijo mi hermana bajito, pasando por mi lado.

—¡Y qué bien trata a Óliver! —apuntó mi cuñado, mientras revisábamos la carta para pedir algo de comer.

No hubo momento posible en el que mi madre pudiera darme su opinión, porque no le soltó ni un segundo.

Desde que llegaron hasta que se fueron estuvieron hablando, salvo un momento en el que Omar bajó al baño, seguro que a respirar tranquilo y beber algo de agua.

Yo lo estaba pasando fatal por él, pues mi madre, de forma cordial, amena, pero determinante, le preguntó por todo: quería saber de su historia, sus intereses e intenciones, su propósito y objetivos en la vida... y yo lo entiendo.

Si mi madre no hubiera optado por ser empleada de la Administración Local, habría sido una extraordinaria oficial de policía, a cargo de los interrogatorios.

—Mamá —le dije cuando Omar bajó al baño—, le estás haciendo un tercer grado (interrogatorio).

—Hija, tengo que conocerlo —me respondió con total honestidad.

Miré a mi hermana, estaba muerta de la risa, al igual que mi cuñado. Los dos disfrutaban del momento tan divertido, más divertido para ellos que para mí.

Me giré hacia mi hermana, que estaba sentada a mi izquierda, y le susurré bajito.

—De esta Omar me deja. No volverá a cogerme el teléfono, ya verás.

—Miriam, no seas exagerada —me tranquilizó—, solo hace falta ver cómo te mira para saber qué está loco de amor por ti.

Al menos volvió del baño... y dimos por finalizada aquella comida.

Mis padres quedaron muy contentos con él, les pareció "un chico sincero y una buena persona".

Y Omar... gracias a Dios, volvió a escribirme. Aquella misma noche me llamó.

—Comprendo perfectamente los miedos de tus padres —me dijo—. Entiendo todas sus preguntas y que quisieran asegurarse de conocer quién soy.

—Pero ¿no lo has pasado mal? —quise saber—. ¡Preguntaron mucho!

—No ha sido para tanto Miriam —dijo—, me han tratado muy bien.

—¿Seguro? ¿No te ha molestado que te hicieran tantas preguntas?

—Claro que no, es totalmente normal y comprensible que quieran conocerme bien, tus padres son excelentes, y tu hermana y David son encantadores, he estado muy a gusto.

Siempre entendió a mi familia, al igual que a mí, y supo comprendernos.

La relación siguió adelante.

¿Tuve miedos? ¡Infinitos!

¿Inseguridades? ¡Muchísimas!

Pero cada uno de mis miedos y mis inseguridades fueron diluyéndose a medida que lo conocía más.

Él supo respetar mis tiempos, mi ritmo y mi espacio.

¿Y qué hay de la confianza? Nunca llegué a desconfiar de él; al contrario, se ganó mi confianza muy rápido con cada uno de sus actos. Definitivamente mi hermana tenía razón.

Ella me recordó ese texto de la Biblia que dice: *El perfecto amor echa fuera el temor* (1 Juan 4:18). Lo que había nacido entre nosotros era amor real, y eso disipó los temores.

Omar tuvo paciencia conmigo, supo comprenderme y aportarme lo que necesitaba en cada momento. Y sobre todo me aportó paz. Paz en el corazón, que se tradujo en una sanidad muy real en ese corazón que había sufrido daños, pero ahora se curaba bajo el abrazo del amor.

Todo llega, todo sana... también el corazón.

Pero debes tener muy presente que reconstruirse y sanar es una tarea que solo puedes hacer tú, nadie puede hacerla por ti. Es una labor que requiere esfuerzo, sí, y puede resultar agotador, pues implica luchar contra tu mente, y eso requiere de perseverancia y constancia.

Solo espero que mi experiencia y todo lo que te he contado pueda ayudarte. No tengo la clave, no sé exactamente cómo se hace, solo te cuento cómo lo viví y cómo logré salir de ahí. He intentado transmitirte qué cosas me ayudaron. Si te sirve, toma mis consejos y aplícalos, deseo de corazón que te sean de ayuda.

EL PERFECTO AMOR ECHA FUERA EL TEMOR.

Pero espera... aunque haya parecido una despedida, aún no he terminado, queda algo más de mi historia y no deberías perdértelo, pues es lo más especial. Fue uno de los días en los que más lloré, y eso es mucho decir, pues en los últimos años había derramado lágrimas como para llenar un embalse.

Pero en esta ocasión las lágrimas tuvieron un sabor distinto, no eran amargas, sino dulces como la miel: fueron lágrimas de felicidad.

16

AMANECE EL DÍA

Consulté la hora al despertar, los dígitos blancos del teléfono marcaban las 6:35 de la mañana. Comenzaba a amanecer. Busqué con la mirada a mi pequeño, que ya no lo era tanto, pues tenía seis años: Óliver descansaba plácidamente a mi lado. Lo arropé anhelando que aguantase mucho más tiempo dormido, pues nos esperaba un largo día por delante.

La jornada más dulce de los últimos años se inauguraba: ¡el día de mi boda! Puedo asegurarte que nunca lo habría imaginado. Si unos años atrás me hubieras dicho que hoy estaría casándome, una de dos: me habría reído, o te habría retirado la palabra de por vida.

142 *Reconstruida*

Ahora el día había llegado. Con una mezcla de ilusión y nervios que hormigueaban en mi estómago, dejé caer la cabeza sobre la almohada, cerré mis ojos, y permití que mi mente me trasladase a los acontecimientos de los últimos meses.

Treinta y dos semanas atrás —¿verdad que parece que hablo de un embarazo?—, en el mes de octubre, Omar y yo nos fuimos de viaje junto a mi hermana, mi cuñado, nuestra amiga Elena con su pareja, y los niños. Tanto mis sobrinos como Óliver nos acompañaron en este viaje tan especial, detalle que lo hizo mucho más divertido.

Aquel viaje tendría un elemento muy especial que todos, absolutamente todos, conocían, excepto yo. Para mí se trataba de un viaje con amigos como otros tantos que habíamos hecho. Para Omar no era un viaje más, y enseguida te cuento la razón.

Siempre amé estas salidas que me oxigenaban el alma; me sanaba el compartir experiencias, descubrir sitios nuevos y cambiar de aires en medio de la rutina del año; era algo que me encantaba.

Y así hicimos en aquella ocasión, fuimos al norte de España, a un pueblito de Cantabria, y nos alojamos en una preciosa casa con vistas al mar.

Una mañana, mientras dábamos un paseo por la playa, sucedió algo que convertiría ese viaje en un momento único: Omar le pidió a mi hermana que nos tomase una foto con el aparente objetivo de guardar el recuerdo de aquella hermosa playa.

Querit tomó su teléfono para cumplir el encargo, y mientras yo buscaba la mejor posición para la fotografía, Omar se arrodilló a mi lado y sacó de su bolsillo una pequeña caja. Lentamente la abrió ante mí, y captando las intenciones, comencé a temblar mientras mis ojos se humedecían. Tras la cortina de lágrimas alcancé a ver el anillo que brillaba sobre la superficie de negro terciopelo. Me pareció la joya más hermosa que jamás hubiera visto. No por el valor que pudiera tener aquel anillo, sino por lo que representaba.

—¿Quieres casarte conmigo? —me preguntó Omar, mirándome a los ojos.

Todos mis amigos gritaban y aplaudían. Y yo, entonces sí, dejé de lagrimear para romper a llorar y a reír a la vez. No sé si alguna vez has experimentado esa curiosa sensación cuando se mezclan risas y lágrimas. Es una mezcla de emociones muy rara, pero indeciblemente hermosa.

¿Te preguntas cuál fue mi respuesta?

Un rotundo ¡sí!, por supuesto.

SIEMPRE AMÉ ESTAS SALIDAS QUE ME OXIGENABAN EL ALMA; ME SANABA EL COMPARTIR EXPERIENCIAS, DESCUBRIR SITIOS NUEVOS Y CAMBIAR DE AIRES EN MEDIO DE LA RUTINA.

Fue un momento precioso, y vivirlo rodeado de personas tan especiales e importantes para mí, lo hizo todavía más especial.

Acto seguido, a los pocos minutos, me llamaron mis padres, quienes también estaban confabulados y conocían lo que iba a ocurrir.

—¿Lo sabíais? —pregunté.

—Claro que lo sabíamos, cariño —me dijeron—. Ayer, antes de poneros en camino, vino Omar a vernos y hablar con nosotros.

—¿Qué me dices?

Me pareció un detalle precioso que Omar hubiera hablado con ellos antes de pedirme matrimonio.

Desde que regresamos de ese viaje nos pusimos manos a la obra con los preparativos. Queríamos una boda sencilla y familiar, y comenzamos a buscar lugares donde poder celebrarla. Nada nos cuadraba ni llegaba a convencernos.

Un día me vino la idea: "¿Por qué no celebrar nuestra boda en el jardín que tiene la casa de mis padres?". Para mí tenía un significado precioso, y se lo comenté a Omar.

—Estando rota volví a casa de mis padres, y aquí sané. Salir ` aquí casada contigo y siendo una persona totalmente nueva, ´a un significado enorme para mí.

`ar le pareció perfecto, así que hablamos con mis ´que papá comenzó a manifestar algún síntoma de ansiedad y pánico por todo lo que eso iba a implicar, lo valoraron y llegaron a la conclusión de que era una idea maravillosa.

El ruido de una puerta que se cerraba me trajo de nuevo al presente.

—¡Madre mía, ya están levantándose todos! —me incorporé, quedando sentada sobre el colchón—. Se me va la vida recordando, con todo lo que hoy tengo que hacer.

Miré la pantalla del teléfono y respiré más aliviada. Mi viaje al pasado solo había durado quince minutos. Al escuchar los leves pasos en el pasillo, supe que quien se había levantado era mi padre; él acostumbra a madrugar mucho.

No obstante, decidí levantarme, convencida de que ya no lograría dormir más. Evitando casi respirar, para que Óliver no despertase, me moví en cámara lenta y con mucho cuidado salí de la habitación y cerré la puerta.

Me preparé una taza de café, y con papá salí al jardín a degustar el último desayuno de soltera. El entorno era precioso; la naturaleza se mezclaba con multitud de adornos. La jornada anterior nuestros amigos nos ayudaron a decorar el jardín para la ocasión tan especial. También hicimos un pequeño ensayo de la ceremonia. En definitiva, fue un día de preboda maravilloso que disfrutamos al máximo. Compartir aquellos momentos previos con las personas a las que amo, fue genial. Terminamos la jornada cenando pizza, y la velada se alargó hasta más allá de la una de la madrugada.

—Ha quedado todo precioso, ¿verdad, Miriam? —dijo papá, mientras degustábamos el café, y mirábamos la encina que preside su jardín, de la que esa mañana colgaban unos pequeños corazones de rafia.

—Superbonito, papá. Ni en mi imaginación lo vi nunca tan bonito. Está perfecto —le respondí mientras nos sentábamos en dos sillas de mimbre, de las muchas que ya estaban colocadas en el jardín, listas para ser ocupadas por los invitados a la boda.

—El arco quedó precioso al final, ¿verdad? —comentó mi padre.

Recordé que el día anterior tuve la sorpresa de ver llegar a dos compañeras de trabajo: Mónica y Nani. Permite que rectifique, fueron compañeras de trabajo, pero se han convertido en AMIGAS, así, con mayúsculas. Ellas acudieron en respuesta a un mensaje de auxilio que les hicimos llegar, pues no sabíamos cómo decorar el arco que iba a presidir la zona en la que tendría lugar la ceremonia. Cuando terminó su jornada de trabajo vinieron a casa y decoraron aquel arco de manera majestuosa.

—Ya te digo —respondí ahora a mi padre—, ni una *wedding planner* lo habría dejado mejor que ellas, papá.

—Va a ser un día muy especial, hija, disfrútalo.

Dos lágrimas comenzaron a caer por mis mejillas... solo eran las primeras del río que ese día brotaría de mis ojos. Todas ellas eran lágrimas de felicidad, gratitud y de paz, en el enorme sentido de esa hermosa palabra.

¿Queréis más detalles de aquel día?

17

LA BODA

Está mal que lo diga, pero lo diré: ¡la novia estaba preciosa! Sí, lo sé, yo era la novia, y lo que acabo de escribir puede sonar engreído, pero es la pura verdad: estaba radiante.

¿La razón principal? Me maquilló y peinó mi amiga, Paula. ¿Recuerdas que ella me escribió un mensaje a Facebook? ¿Recuerdas además que ese mensaje supuso nuestra reconciliación y reencuentro? Y, por último, ¿recuerdas que lo que la motivó a escribir ese mensaje fue que vino a hacer una prueba de maquillaje a una novia que vivía a dos calles de la mía?

Pues ahora estaba aquí, maquillando a otra novia... ¡que resulté ser yo!

Una maravillosa demostración de que vale la pena recorrer el camino de la reconciliación. Vale la pena perdonar y perdonarnos.

Pero, regresando a la boda, Paula me dejó bonita de verdad.

Los momentos previos a la ceremonia estuvieron caracterizados por la lluvia. ¡No!, no llovió en el sentido climatológico de la palabra, el sol lució todo el día y la temperatura era perfecta. Hablo de una lluvia de lágrimas. Mientras mamá me ayudaba a vestir el radiante vestido de novia, mientras nos tomábamos las fotografías previas al enlace. Pero el diluvio alcanzó el grado máximo con el inicio de la ceremonia: decidí entrar del brazo de mis padres, de ambos, porque los dos me recibieron en su casa, con los brazos abiertos y hecha añicos aquel terrible día, y hoy los dos me acompañaban al altar, siendo yo una persona nueva.

¿Omar? Omar no podía estar más guapo. Él se implicó en la organización de la boda al máximo, llegando en momentos a estar en desacuerdo con Paula, y casi terminan discutiendo por dónde colocar unos farolillos.

Y a mí no podía hacerme más feliz verles a los dos debatiendo el día anterior a mi boda. Discutiendo acaloradamente por algo de "tanta importancia" como ¿dónde es más apropiado colocar dos farolillos?

¡Ah!, un detalle que vale la pena mencionar: Omar llevó la pajarita (me refiero al también llamado corbatín o moño) a juego con el pequeño Óliver, que también estaba radiante y más que feliz aquel día.

Él, junto con sus primos, pintaron y decoraron diferentes piedras que dejaron debajo de las sillas del jardín para recuerdo de los invitados.

¡Óliver intervino en la ceremonia! Fue en el momento en que yo dije los votos; cuando hube concluido, mi pequeñín tomó el micrófono e hizo sus particulares votos:

—*Prometo jugar muchos partidos de fútbol contigo y darte muchos besos y abrazos todos los días.*

También mis sobrinos, Ethan y Emma, se prepararon unas palabras que pronunciaron magistralmente, haciendo que todos quedásemos conmovidos y llorando a lágrima viva.

Mi hermana estaba espectacular, más bonita que ningún día; ella se encargó de cantar y llevar un precioso tiempo de alabanza y adoración antes de la ceremonia, y de regalarnos una de nuestras canciones favoritas, mientras mi cuñado y nuestros amigos, extraordinarios músicos, conformaban toda una orquesta.

Omar y yo disfrutamos de cada segundo de la ceremonia, con nuestras manos unidas y dedos entrelazados, sentados bajo el arco sublimemente decorado, mientras mi padre compartía un mensaje. Quiero rescatar un mínimo fragmento de lo que dijo justo antes de casarnos:

"Dios se aproxima al corazón más desgarrado y lo sutura con hilo de oro. Él convierte pedazos destruidos en auténticas obras de arte" —y mirándonos con puro amor, concluyó—: "De las ruinas que otros dejaron, Él levanta un palacio".

Durante el desarrollo de la ceremonia, en un momento recorrí el espacio con la mirada. Observé a todas y cada una de las personas que estaban allí; tenían que estar ellos, no necesitaba a nadie más. Dios permitió que estuvieran mis abuelas y el abuelo de Omar. (Pocos meses más tarde, una de mis abuelas partió con el Señor, pero Dios me otorgó el inmenso regalo de que me viera salir casada de la mano de Omar aquel día). Sentadas entre los invitados estaban mis amigas de siempre: Irene, Paula, Sarita, Mapi, no faltaba ninguna.

Pero también crucé la mirada con los nuevos integrantes, que aparecieron en el fragor de la batalla. Habían venido para quedarse para siempre: Ana, Elena, que decidió sentarse bajo la encina, y tuve que contener la risa al pensar en la posibilidad de que hubiera una paloma justo encima de ella.

Detrás de ellos estaban Mónica y Nani, llorando, creo que era la primera vez que veía llorar a Mónica. "¡Guapa!", pude leer en sus labios mientras cruzamos las miradas.

Mi hermana, sentada detrás de mis padres, no paraba de llorar. Tuve que dejar de mirarla, pues supe que si mantenía la mirada no me quedaría ni pizca de rímel en las pestañas.

Sin duda, después de aquel momento, el jardín quedó con humedad suficiente como para no regarlo en varios días.

Y el resto de integrantes, amigos y familiares cercanos, gente que estuvo apoyándome en mi gran crisis, cada uno con lo mejor que supo y pudo. Personas que me vieron "rota", y con todo su amor y cariño me ayudaron durante el proceso, y que hoy se alegraban conmigo de mi felicidad.

Era perfecto, todo era perfecto. Él era perfecto para mí.

Entonces lo miré y él me miró, mientras me apretaba suavemente la mano.

—Te quiero —me susurró.

—Yo más —le respondí—, mucho más.

En ese momento escuché a mi padre decir:

—Alguien muy especial va a traernos los anillos.

Y se acercó Óliver, con su perenne sonrisa, y nos entregó la cajita con los anillos nupciales.

Mientras Omar colocaba la sortija en mi dedo anular derecho, por un instante retrocedí al momento inicial de la ceremonia: yo comenzaba a recorrer la roja alfombra nupcial, mis brazos engarzados en los de mamá y papá, delante de nosotros el pequeño Óliver, esa criatura que aquel amanecer y con solo dos meses de vida, había entrado conmigo en este hogar. Ahora, acompañado de sus dos primos, arrojaban pétalos de rosa sobre los que yo pisaba, camino del altar. Mi papá se detuvo un instante, obligándome a mí a hacerlo también; se inclinó hacia mí y susurró: "Ya pasó el tiempo de pisar sobre hirientes cristales... ahora pisas sobre rosas, porque comienza un tiempo nuevo y precioso para ti". Retornamos a andar, aunque la humedad en mis pupilas me impedía ver dónde pisaba, pero iba de sus brazos, ellos seguían acompañándome en el camino.

La voz de papá, me hizo regresar de mi recuerdo:

—Os declaro marido y mujer, en el nombre del Padre, del Hijo, y del Espíritu Santo.

—¡Que se besen los novios! —solicitaron casi unánimes y entre aplausos los invitados.

> YA PASÓ EL TIEMPO DE PISAR SOBRE HIRIENTES CRISTALES... AHORA PISAS SOBRE ROSAS, PORQUE COMIENZA UN TIEMPO NUEVO Y PRECIOSO PARA TI.

Y ahí comenzó mi nueva historia. Reconstruida, sanada, con cicatrices que me convierten en la persona que ahora soy, rodeada de los míos y abrazada por Dios. Así comenzó la mejor parte de mi vida.

También la tuya puede recomenzar.

Tal vez te rompiste o te rompieron. De las ruinas puede resurgir un palacio, y los pedazos de una vida pueden convertirse en una exclusiva obra de arte de infinito valor.

Es mi ferviente deseo que así sea.

BREVE GUÍA PARA CUIDAR Y CUIDARTE

> ¿CÓMO CUIDAR AL QUE SUFRE?

+ **Entiende que lo que le ocurre no es nada personal contigo.** Tal vez veas que la persona está poco comunicativa, excesivamente introvertida y hasta algo irascible. No es algo personal hacia ti; tales actitudes no son provocadas por tu culpa. Cuando una persona "se ha roto", soporta altos niveles de sufrimiento, y eso se proyecta en su conducta. Lo está pasando muy mal y por ese motivo adopta actitudes incómodas, incluso hirientes. Tú no hiciste nada, por lo tanto, no te sientas culpable.

156 *Reconstruida*

+ **No interpretes su silencio como falta de confianza.** Tal vez conozcas fehacientemente que le ocurre algo, pero no te lo cuenta. No significa que no confíe en ti, sencillamente no se siente preparado/a para relatarlo, o tal vez tiene sus motivos y no los sabes; en mi caso, como hemos intentado reflejar en este libro, quise perdonar, y asumí la idea de que si involucraba a los demás, las cosas nunca volverían a ser como antes, por eso decidí ocultarlo. ¿Qué puedes hacer? Mantente cerca, mediante llamadas, mensajes o actitudes, que sepa que sigues ahí y cuando se sienta preparado/a abrirá su corazón y hablará.

+ **Intenta comprender "sus mentiras".** Si quien sufre pertenece a tu círculo próximo, y eres consciente y sabes a ciencia cierta que te está mintiendo, por favor, no te enfades ni provoques confrontación, intenta comprender que está sufriendo y que algo importante lo lleva a maquillar la verdad e incluso a esgrimir la mentira. Precisa comprensión, y no juicio. Necesitará perdón, mucho más que acusación. El que sufre ya está lidiando con su lucha interna, no deberíamos añadir más carga.

+ **Respeta sus tiempos.** Tanto el tiempo que precisará para abrirse y contarte aquello que le ocurre, como para el lapso temporal que requerirá para sanar. El papel del cuidador no es nada sencillo, es cierto que cuando le ocurre algo malo a la persona a la que amamos, duele más, incluso, que cuando lo sufre uno mismo. Por eso el cuidador desea que le cuenten todo lo que ocurre, quiere saberlo cuanto antes, para ayudar lo más pronto posible, de modo que la persona afectada encuentre alivio rápidamente. Pero el afectado/a está lidiando, peleando y asimilando. Necesita tiempo, mucho tiempo, ten paciencia con esa persona, intenta entenderla y respetarla.

* **Respeta sus silencios.** Cuando alguien está roto cuesta mucho abrirse, resulta difícil contarlo; hablar supone un esfuerzo extraordinario. Cuando regresé a casa de mis padres, dejando atrás mi proyecto de vida arruinado, me costaba un esfuerzo sobrehumano hablar de cualquier cosa, pero hablar sobre lo que había ocurrido, era simplemente insoportable. Esto se daba por dos motivos principales: el primero, yo estaba rota, y hablar sobre ello me dolía, me dolía en el alma. ¿Alguna vez has tenido una herida abierta o una severa quemadura? ¿Sabes lo que supone que alguien ponga su dedo sobre esa parte dañada? El dolor es intolerable. Lo mismo ocurre con el daño emocional: durante algún tiempo es una zona intocable. Y la segunda razón de mi silencio era saber que mis palabras y lo que yo contara, les dolería a mis padres aun más que a mí. Como papá y mamá dicen de vez en cuando: "Las lágrimas más amargas para un padre o madre son aquellas que brotan de los ojos de sus hijos". Así que no quería decirles cosas que les hicieran sufrir, pues aparte del dolor de ellos, me tocaría enfrentar sentimientos de culpabilidad. ¿Recuerdas? "Mi nueva amiga la culpa". Por ello guardaba silencio. Respétalo, compréndelo.

* **Cuando la persona te llame, haz todo lo posible por acudir.** Sea la hora que sea y el momento que sea, haz todo lo posible por estar. En mi caso, cuando pedí ayuda a mi amiga Irene, era de noche, muy tarde. A

mi hermana la sorprendí en la ducha y en el día más intenso de su semana. A mis padres, en la madrugada. Pero todos acudieron al instante, y eso me ayudó enormemente a contarles lo que me ocurría, pues me encontraron en mi momento de vulnerabilidad total. ¿Sabéis que habría ocurrido si no hubieran atendido el teléfono y no hubiesen acudido a mi encuentro? Yo habría terminado por quedarme dormida, y al día siguiente me habría despertado gris de nuevo, sin ganas de hablar. Por eso es tan importante acudir cuando te hacen la llamada de auxilio.

* **Prioriza el no dejarle solo, acompáñale como hizo Irene conmigo.** Si ves muy mal a quien sufre, intenta que no se quede solo, hazle compañía. Recuerda: quien está a solas con su dolor, está en mala compañía. No obstante, en última instancia debemos respetar su decisión. En el caso de Irene, me dijo que se quedaba a dormir y a mí me pareció bien en ese momento, pero en el caso de mi hermana, me ofreció quedarme a dormir y yo no acepte la invitación. Lo que está en tu mano es ofrecer la compañía, pero es fundamental aceptar la decisión de la persona que se rompió. No es bueno presionar cuando lo que recibas sea una negativa, de esa manera respetaremos su espacio e intimidad.

* **Cuando te hagas presente mediante mensajes, deja claro que no tiene obligación de responder.** Una de las cosas que más valoré de mis amigos fue el tacto que tuvieron y cómo respetaron mi espacio. Cada uno de sus mensajes era una inyección de ánimo, especialmente cuando

decían: "No quiero que me cuentes cómo estás, ni cómo te sientes, solo quiero que sepas que estoy aquí". Dile a tu persona cercana que estás ahí, que no se vea en la obligación de contarte, pero que sea consciente de que te tiene a ti.

+ **Intenta no agobiar ni añadir presión.** Pon atención para que tu presencia en ese tiempo no le genere más agobio o presión. Es posible que el sufriente precise espacio, dosis justas de soledad y cierta independencia, pero debes saber que esa persona no sabrá bien cómo decírtelo. Adelántate brindándole su necesaria dosis de intimidad.

+ **Ofrece cariño, alimento y descanso.** ¿Recuerdas mis sensaciones de vivir de nuevo "por primera vez"? Son muy importantes, ayúdale a que descanse, ofrécele alimento, preocúpate de que coma y se cuide. Bríndale cosas que le gusten. En definitiva, mímale. Eso facilitará que vuelva a comer y recobre fuerzas. Recuerda siempre que la condición física incide directamente en el estado emocional. Dale mucho amor, preocúpate por esa persona, abrázala y dile lo importante que es —puede que se le haya olvidado, pues el dolor afecta a la memoria del alma—. Sentirse querido, descansado y cuidado, ayudará a sanar su alma.

+ **Bríndale la opción de elegir.** Cuando haya comenzado a rehacer su vida normal y aún no "socialice" mucho, en el caso de que quieras verlo/a, deja que sea él/ella quien decida si prefiere estar afuera o que vayas a verlo a su casa. Se sentirá con la libertad de decidir y si ese día no tiene muchas fuerzas para salir, veros en casa supondrá un alivio enorme.

- **Dale la alternativa de cancelar planes.** Si la persona se encuentra en un día "gris", más apagada o apática de lo normal, ofrécele la posibilidad de cancelar los planes que tuvierais para ese día. Créeme que eso, sin más, puede suponer algo muy positivo para quien está en reconstrucción.

- **Pon sentido del humor a las situaciones.** ¿Recuerdas que mis amigos y familia tenían la capacidad de sacar un lado divertido y chistoso de todos los momentos complicados que vivía? Transformaban lo negativo en motivo de risa. Intentad buscar el rayo de luz en el cielo oscuro y condimentar con una pizca de humor los platos amargos que traiga la vida.

- **Hagan vida normal, no hablen constantemente del tema.** Cuando la persona se encuentre un poco mejor, haced planes diferentes. Salid a pasear, al cine, a la montaña. Acudid a un *spa*, viajen... vayan a sitios que sepas que le gustan y que ayudarán a desconectar. No hables del tema que provocó el quebranto, salvo que quien está en reconstrucción lo saque, pues si lo aborda es porque necesita hablarlo. Pero que sea reconfortante, que suponga un momento de disfrute y de recuperar la normalidad, todo no puede girar en torno a lo que ocurrió.

- **Valida las emociones de la otra persona.** Empatiza, intenta ponerte en su piel. Lo está pasando mal, y aunque a ti te parezca que la situación no es para tanto o que podría haber sido mucho peor, esa persona no necesita escuchar eso, lo que necesita es comprensión, amor y cariño. No minimices sus sentimientos o lo que le ocurre; si esa persona está rota es porque la situación lo ha superado.

+ Si no sabes qué decir, el silencio es la mejor alternativa. Simplemente quédate a su lado, eso es más que suficiente.

Hay palabras que pueden sanar, pero también hay palabras que logran hundirte.

> ¿CÓMO CUIDARME SI AHORA MISMO ESTOY "ROTO"?

+ **Pon atención a la higiene.** Cuando te rompes, una de las tendencias más frecuentes es dejar de cuidarte, y eso afecta a la higiene. C. S. Lewis, tras la trágica muerte de su amada, escribió el libro titulado "Una pena en observación", y ahí vierte sus íntimas reflexiones. En un momento dado habla de "la pereza de la pena", y cuenta que a causa de la tristeza no tenía fuerzas ni para afeitarse. Cuando te rompes, ducharte, asearte, peinarte, cuidarte, deja de ser una prioridad. Cuando seas consciente de ello, esfuérzate y tómalo como una obligación. Asearte ayudará a que te sientas un poco mejor.

+ **Perdónate.** El dolor y la culpa son cargas muy pesadas. Necesitas perdonarte, ya que si no te perdonas, el dolor y la culpa se instalarán en ti hasta que esa carga sea tan pesada que te dejará inmóvil y no podrás seguir avanzando.

A lo largo de nuestra vida todos fallamos, todos, sin excepción.

¿Ya cometiste el error? ¿Te has permitido algo de dolor y culpa? Pues el siguiente paso es aprender de ello; saca aprendizajes y mejora, conviértete en una mejor persona: una persona sana, aunque con cicatrices, pero cada una de esas cicatrices te hará una versión mejorada de lo que antes eras.

- **Descansa, desconecta de la vida.** Duerme, descansa. Como te comenté, el insomnio se empieza a hacer latente cuando uno está "roto", por eso es importante obligarte a dormir y descansar, sea la hora que sea. Si durante un tiempo precisas de algún tipo de ayuda farmacológica, siempre supervisada por profesionales de la medicina, no te sientas mal por echar mano de ello.

- **Sueño.** Conectado con el punto anterior, es necesario que te muevas y te ejercites. Quemar energía te ayudará a descansar mejor. Cánsate; seguro que hacer deporte te ayuda, a mí me ayudó, y se ha convertido en una terapia que mantengo. Mis días grises los combato con deporte, caminar, pasear, salir en bici... Cánsate para dormir mejor.

- **No sientas la obligación de atender llamadas y mensajes.** Si no te ves con fuerzas, silencia el móvil, tómate el tiempo para lo que a ti te apetezca más en ese momento y descansa. Ahora te toca ser un poco egoísta, pensar en ti, tu círculo cercano y los que te quieren lo entenderán.

- **Aliméntate correctamente.** Tienes que comer, alimentarse bien es imprescindible para sentirse bien. Intenta buscar recursos para no olvidarte de las comidas, por ejemplo alarmas en el móvil, o pide ayuda a los tuyos si conocen tu situación. Consiéntete con alimentos que te gusten mucho y deja que quienes te aman, te cuiden y mimen. Comer la comida de tus padres o abuelos siempre es un lujo. Pídeles que te lo preparen, y si no, ve a comprar los alimentos que más te apetezcan. La fisiología afecta a la psicología, y viceversa.

- **Cuando puedas, comienza a hacer vida normal.** Poco a poco, y cuando tu cuerpo te lo permita, es necesario que salgas a caminar, a pasear y a frecuentar el exterior. Búscate un aliado que te "anime" a salir cuando por tus propias fuerzas te resulte difícil. A mí me vino muy bien comenzar a dar paseos con mis padres; pero si un día te levantas en "modo ahorro de energía", ten la libertad de decir "hoy no puedo", y descansa. La vida sigue, y transcurrido un tiempo prudencial hay que ir retomando la normalidad y esforzarse por salir de la cama y ver a gente. Pero si todo está reciente, hay que escucharse, aprender que se precisan unas semanas de tranquilidad y descanso. La persona no se encuentra bien, y hay que entender el esfuerzo que supone para alguien que está mal enfrentarse a momentos así.

- **Sé consciente de que las miradas de "compasión" que puedas apreciar, es algo que ellos/as no pueden controlar.** Que eso no te suponga más presión, esas miradas surgen porque te quieren, te aprecian y hacen suyo tu dolor. No es conmiseración, sino amor.

- **No debo permitirme, y yo misma no me autorizo a que esa tristeza se instale en mí.** Si el motivo de mi tristeza tiene solución, la busco y me pongo manos a la obra con ello. Si no tiene solución, lloro, saco la tristeza e inmediatamente después hago algo que me guste, que me despeje y que genere el sentimiento contrario a la tristeza. Si no encuentro el motivo de mi tristeza y no sé por qué estoy así, tiro del freno de mano y las tareas que no son urgentes las aparco para cuando me sienta mejor. Si debo decir "no" a algún compromiso o responsabilidad, lo hago.

Me cuido, me permito descansar, tomarme algún que otro dulce y salir a caminar, al gimnasio o al cine.

+ **Autocuidado** es la mejor clave para ganar la batalla a la tristeza.

+ **Tendrás que lidiar con la culpa. Somos humanos y todos nos equivocamos.** Intenta luchar contra esos pensamientos: Ahora, con perspectiva y una vez reconstruida, he sido consciente de que afronté la situación lo mejor que pude. ¿Debí haber pedido ayuda antes? ¡Claro que sí!, pero quise agotar todas las alternativas antes de ello, y eso hizo que tiempo más tarde supiera que de mi parte hice cuanto pude, y por eso sé que la decisión que finalmente tomé fue correcta. ¿Sufrieron los míos por mi culpa? Me costó mucho tiempo entender este punto para no sentirme culpable por ello. Mi familia sufrió, y mucho, muchísimo, pero no por mi culpa, sufrieron porque me aman y mi dolor es su dolor. Yo no fui culpable de lo que me ocurrió, y me costó mucho entender esto para lograr sacudirme ese sentimiento de culpabilidad. Pero también te recomiendo que pidas perdón, si crees que pudiste herir a alguien. Tiempo después tuve

Breve guía para cuidar y cuidarte 165

que pedir perdón, fui consciente que en esa época no estuve al cien por ciento, dejé de lado a personas que me necesitaban y no fui una persona fácil de tratar. Pide perdón. Eso te ayudará a quitar sentimientos de culpa y seguir adelante.

- **Resignarte a estar mal es mucho más fácil que esforzarte y pelear por estar bien.** Es muy fácil rendirse, pero esta pelea nadie la puede hacer por ti. Por mucho que te rodees de las mejores personas que te ayuden, te animen y todo esté a tu favor, eres tú quien debe pelear y salir de la cama. Es cosa tuya el esforzarse para que la tristeza no se instale y darle un giro a tu vida para comenzar a reconstruirte de nuevo. La mejor ayuda eres tú mismo/a, tendrás que crearte mil recursos y conocerte para ayudarte a enfrentar cada nuevo día.

- **Cuida de quién te rodeas.** Rodéate de gente buena, que te entienda, que no te presione y que sea buena influencia para ti. Evita a las personas contaminadas y contaminantes, esas que te intoxican con negatividad constante. Necesitarás gente positiva a tu alrededor que sean un apoyo para ti durante la batalla que estás librando. Cuida la amistad, porque los buenos amigos serán alas que te alzarán sobre la tempestad, empujándote a cielos azules de libertad.

- **La ansiedad no se irá de la noche a la mañana, la lucha puede ser larga y tocará pelear con ella largo tiempo.** Busca recursos que te ayuden a lidiar con ella. En mi caso el deporte y cultivar valores espirituales son la mejor terapia. Prueba diferentes cosas y da con lo que más te ayude para despejar la mente y quitar esas nubes negras de tu cabeza. De esa manera sabrás qué hacer cuando lleguen los días grises, e incluso las jornadas negras.

+ **Encuentra un motivo por el cual reconstruirte.** Fijarte un propósito y encontrar una razón para seguir avanzando será un estímulo y acicate para mejorar. Debes proponerte algún objetivo que puedas cumplir a corto o mediano plazo, ver la meta más cerca que lejos te ayudará a alcanzar lo que te propusiste, a la vez que te animará a trabajar y dedicar tu tiempo a ese proyecto.

+ **Acepta lo que has vivido:** Cuando te sientas con fuerzas y estés comenzando a sanar, normaliza lo que viviste. Habla de ello abiertamente, es tu vida, es tu proceso y todo eso eres tú. Eres la persona que eres gracias al proceso que viviste. Aceptar y normalizar lo vivido te ayudará a sacar un aprendizaje propio, y esas lecciones aprendidas serán un enorme valor para ayudar a los demás.

En definitiva, nunca los mares en calma forjaron marineros hábiles. Hoy contemplo la vida desde una altura diferente, un horizonte más amplio, limpio y prometedor. Al mirar hacia abajo observo que la plataforma que me alzó a esta posición está formada por mis errores, mucho más que mis aciertos. Errores admitidos, asumidos y corregidos, porque fracaso no es fallar, fracaso es no intentarlo.

También tú puedes convertir tus errores en maestros y ver que se transforman en peldaños que te llevan a la cumbre.

ANTES DE TERMINAR...

Tal vez estés preguntándote: y eso del sueño, ¿de verdad que soñaste que escribías este libro?

Te lo aseguró, tuve aquel sueño cuyo fruto hoy sostienes en tus manos.

Al despertar aquella mañana mi recuerdo era difuso, pero a medida que avanzó la jornada fui rememorando todos los detalles. Mentiría si te dijera que desde el principio tuve claro que quería escribir este libro. No fue así. Me embargaron serias dudas, pues se trataba de abrir mi corazón de par en par y mostrar aspectos muy íntimos de mi vida. Significaba también volver a enterrar mis pies en la ciénaga de recuerdos abyectos y demasiado amargos. Por eso me tomé mucho tiempo para meditarlo y orar. Hablé con diferentes personas, preguntándoles qué les parecía.

Me ayudó a decidirme el hecho de que mi esposo me animara a hacerlo.

"Puede ser de ayuda para muchas personas que estén viviendo algo parecido a lo que tú has vivido" —me dijo, y añadió—; "y lo más importante, al escribirlo puedes evitar que alguien pase por lo que tú has pasado".

Miré bien dentro de mí y me cercioré de que había sanado, las heridas estaban bien cicatrizadas; y al escribir me centraría en los aprendizajes y enseñanzas que había obtenido de aquel episodio de mi vida. Eso fue determinante: saber que había sanado. Porque quien escribe desde la herida, hiere. Y quien habla desde la amargura, amarga.

Por ese motivo no he volcado en este escrito detalles que podrían haber añadido sensacionalismo al libro, pero que no habrían aportado otra cosa que morbo innecesario y nocivo. Quise centrarme en cómo lo viví en primera persona, cómo me sentí, y qué enseñanzas podemos extraer de todo ello.

Lo que sí hice desde el principio fue ponerme a escribir sin la intención de hacer un libro; eso era algo impensable para mí. El escritor en esta familia es mi padre. *¿No imaginaste hacer un libro? Entonces, ¿para qué escribías?* Vaciar el corazón sobre el papel me sirvió de terapia. A medida que mis dedos pulsaban las teclas del ordenador, mi cabeza iba sacando recuerdos y mi corazón iba sanando.

Me ha resultado complicado revivir ciertos momentos. Había episodios tan guardados, que removerlos removió también mi equilibrio emocional, pero esto, este libro que tienes en tus manos ha ayudado a cerrar un ciclo y terminar de sanar al cien por ciento. Convertí memorias en aprendizaje y dolores en maestros.

En las páginas que leíste me abrí en canal. Lo que has leído ocurrió tal cual, y es totalmente verídico. Deseo de corazón que este tiempo que me has dedicado te haya sido de ayuda, o sirva para que ayudes a alguien cercano, ya que mi única intención ha sido esa: brindar apoyo a alguien más.

Quiero cerrar este libro, con cuatro claves que he instaurado en mi vida después de aquello.

QUIÉRETE

Por desgracia, después de lo que me ocurrió, he podido presenciar en otras personas diferentes rupturas sentimentales, y hay una cosa que me llama la atención y que no alcanzo a entender mucho: pasado muy poco tiempo inician otra relación. Una ruptura sentimental es equiparable a un terremoto en el alma, y como todo seísmo implica muchas réplicas posteriores. Edificar rápidamente sobre un terreno en riesgo de sacudidas es bastante peligroso.

Permíteme, con todo el respeto del mundo, darte un consejo: tómate el tiempo necesario para penar, para sanar, para apreciarte, darte cuenta de todo lo que vales y quererte; si no eres capaz de apreciar tu valor, quererte por encima de todo, y saber qué es lo que mereces, no podrás querer a alguien como se merece, ni sabrás apreciar a alguien que te quiere como realmente mereces.

Todo tiene un proceso y lo primero que hay que hacer es sanar y quererse.

NO JUZGUES A LOS DEMÁS

Cuando una persona lo está pasando mal, viviendo un proceso duro o una crisis, puede parecernos que actúa de una forma "rara" o diferente. No juzgues a nadie, cada uno pasa su duelo o su dolor de una manera diferente. Yo, por ejemplo, me alejé de mi familia y de mi hermana, leyendo el libro puedes llegar a entender por qué actué así.

Si algo he podido aprender de todo aquello, es a no juzgar a los demás, cada uno actúa diferente, y todos tienen su motivo. Empaticemos, comprendamos y apoyemos al que sufre, lo que menos necesita una persona que está sufriendo son dedos acusatorios que le señalen.

CONFÍA EN DIOS

Por encima de todo, no olvidemos que Dios sigue a nuestro lado, que no nos ha desamparado, que ve cómo estamos sufriendo y lo que nos está ocurriendo.

Apóyate en Él, acércate a Él y recuerda que después de todo este proceso, saldrás reconfortado y más fuerte. Cada lágrima se convertirá en una perla, y todo este dolor servirá para hacerte más y más humano, y una mejor versión de ti mismo/a. Confía en Él.

AYUDA A OTROS

Con el paso del tiempo, y con la necesaria perspectiva, cuando todo haya pasado y hayas sanado, no dejes que todo lo vivido no sirva para nada. Utilízalo para ayudar a otros, deja que tu vida y tu testimonio puedan ser luz para otras personas que estén sufriendo o viviendo algo parecido. Que la tormenta vivida te haga faro para la tempestad de otros.

Nada nos hace más humanos y más comprensivos que haber estado en medio de una tormenta, el haber sufrido nos ayuda a saber consolar y entender al que está sufriendo. Tú, mejor que nadie, sabes cómo se siente esa persona, y entiendes lo que realmente necesita. Ayuda a los demás y sé un apoyo y consuelo para el que está sufriendo.

Ahora sí, puedo decir que todo lo vivido ha valido la pena, mi objetivo se ha cumplido, que mi dolor haya servido para ayudar a otros.

¡Gracias infinitas por el tiempo que me has dedicado,
querida lectora y querido lector!

Estas horas a tu lado han llenado de sentido todo mi pasado y
arrojan luz y estímulo hacia mi futuro.

QUIÉRETE

NO JUZGUES A LOS DEMÁS

CONFÍA EN DIOS

AYUDA A OTROS